Justice, justice transitionnelle et forces militaires en Amérique latine

L’exemple de la Colombie

Droit comparé

Collection dirigée par Arnaud Martin

Parce que le droit ne peut plus être considéré dans sa seule dimension nationale et que son étude doit s'ouvrir aux droits étrangers, que l'analyse comparative permet de s'échapper des déterminismes qui faussent l'étude des systèmes juridiques et que l'étude des systèmes normatifs étrangers peut faciliter la recherche de réponses aux questions juridiques, la collection Droit comparé met à la disposition des chercheurs et des praticiens du droit un ensemble de travaux destinés à alimenter leur réflexion tout en donnant aux objectifs, aux méthodes et à l'utilité de l'analyse comparative une plus grande visibilité.

Elle publie des recherches en droit comparé ou accordant une place importante au comparatisme juridique, que ce soit en droit public ou en droit privé, en droit français ou en droit étranger, que celles-ci prennent la forme d'essais, d'actes de colloques ou de séminaires ou de thèses.

Elle est naturellement ouverte à toutes les écoles de pensée juridique, ainsi qu'aux recherches pluridisciplinaires dès lors qu'elles présentent une dominante juridique.

Carlos Bernal Pulido
& Magdalena Correa Henao

Justice, justice transitionnelle et forces militaires en Amérique latine

L'exemple de la Colombie

L'Harmattan

5-7, rue de l'École-Polytechnique, 75005 Paris
www. harmattan.com
diffusion.harmattan@wanadoo.fr
ISBN : 978-2-343-11032-5
EAN : 9782343110325

SOMMAIRE

CHAPITRE INTRODUCTIF

JUSTICE TRANSITIONNELLE ET FORCES MILITAIRES

Carlos BERNAL PULIDO

Grâce aux négociations de paix entre le gouvernement et la guérilla des FARC-EP, la Colombie connaît un processus de justice transitionnelle. Un processus de cette nature a pour objectif d'établir ou de rétablir un État démocratique de droit dans lequel les droits fondamentaux sont garantis.

Selon l'ancien Secrétaire général de l'ONU, Kofi Annan, le concept de justice transitionnelle fait référence à un ensemble de « procédures et [de] mécanismes liés aux tentatives d'une société de mettre un terme à une longue histoire d'abus à grande échelle, en vue d'établir la responsabilité, de servir la justice et d'obtenir la réconciliation[1] ». Dans une transition, une société qui a subi une violation grave et systématique des droits de l'homme cherche à prendre ses distances par rapport au passé, à réparer les dommages causés et à réhabiliter les institutions publiques dans un cadre constitutionnel régi par le principe de l'État de droit et permettant d'atteindre les objectifs de vérité, de responsabilité, de justice, de réconciliation et de non-répétition[2]. De même, par la justice transitionnelle, on cherche à restaurer la légitimité des institutions publiques, la-

---

[1] United Nations Secretary-General, « The rule of law and transitional justice in conflict and post-conflict societies », 2004, consultable sur http://www.unrol.org/files/2004%20report.pdf (consulté le 22 décembre 2015).

[2] Juan E. MÉNDEZ, « Constitutionalism and Transitional Justice », *in* Michel ROSENDELF et András SAJÓ (eds.), *The Oxford Handbook of Comparative Constitutional Law*, Oxford, Oxford University Press, 2012, p. 1271.

quelle a été perdue ou affectée par la violation des droits de l'homme par des organes de l'État ou par l'échec des institutions politiques à empêcher d'autres agents publics de commettre de graves violations des droits de l'homme[1].

Le concept de justice transitionnelle implique donc que la société se fixe certaines finalités et adopte des mécanismes adaptés qui présentent une nature politique et juridique extraordinaire ou exceptionnelle[2]. Les principales finalités de la justice transitionnelle sont d'assurer la mise en jeu de la responsabilité découlant des violations des droits de l'homme, la révélation de la vérité, l'indemnisation des victimes, la démobilisation des individus et des groupes qui ont participé au conflit, la réconciliation des parties adverses, la fin du régime autoritaire ou arbitraire et l'élaboration d'un accord démocratique qui conduise à construire une légitimité fondée sur la Constitution[3].

Ces finalités se réfèrent à trois périodes : le passé, le présent et le futur[4]. En rapport avec le passé, la justice transitionnelle recherche une rupture juridique, politique et morale avec les violations des droits de l'homme perpétrées par le régime politique précédent ou par certains groupes armés[5]. Cette rupture est réalisée par l'adoption, dans le présent, de mesures répressives contre les agresseurs, et de mesures réparatrices pour les préjudices subis par les victimes, ainsi que par l'établissement de la vérité sur les événements survenus. On espère ainsi restaurer la confiance des citoyens et créer ou rétablir une organisa-

---

[1] Stephen WINTER, « Towards a Unified Theory of Transitional Justice », *International Journal of Transitional Justice*, n° 7, 2013, p. 226.
[2] La Cour constitutionnelle s'est prononcée en ce sens dans les sentences C-771 de 2011, M. P. Nilson Pinilla Pinilla, et C-052 de 2012, M. P. Nilson Pinilla Pinilla.
[3] Cf. Juan E. MÉNDEZ, « Accountability for Past Abuses », *Human Rights Quarterly*, n° 19, 1997, p. 255.
[4] Sur ces objectifs, bien que sans allusions à sa dimension temporelle, cf. Lavinia STAN et Nadya NEDELSKY, *Encyclopedia of Transitional Justice*, Cambridge, Cambridge University Press, 2013, p. 5.
[5] Centro Internacional para la Justicia Transicional (ICTJ), *¿Qué es la justicia transicional? Enfoque: Justicia Transicional*, https://www.ictj.org/sites/default/files/ICTJ-Global-Transitional-Justice-2009-Spanish.pdf. (consulté le 25 octobre 2015).

tion politique démocratique légitime[1], fondée sur les principes de l'État de droit, et qui permette d'aider à la restauration des conditions sociales et politiques conduisant à la réconciliation[2], à la paix[3], à la stabilité, à la protection des droits de l'homme pour tous les individus – en particulier pour les victimes du précédent régime –, conditions essentielles pour que les sombres événements du passé ne se répètent pas.

Pour atteindre ces objectifs, la justice transitionnelle est associée à l'adoption et à la mise en place de certaines procédures et de certains mécanismes de responsabilité et de transition politique. Habituellement, l'adoption et la mise en œuvre de ces mécanismes ont une influence sur la structure et le fonctionnement des forces militaires. Dans le cas colombien, cette influence découle du fait que les forces militaires et leurs membres ont participé au conflit dès le début. Les forces militaires ont combattu, au nom de la société, la guérilla des FARC-EP et d'autres groupes armés illégaux. Ce fait a au moins deux conséquences sur le processus de justice transitionnelle.

Premièrement, les forces militaires et leurs membres devraient pouvoir participer à toutes les décisions qui les concernent et qui sont adoptées dans le processus de justice transitionnelle. Jusqu'alors, ladite participation a été assez précaire. Des négociations de paix n'ont été menées qu'entre le gouvernement national et les FARC-EP, c'est-à-dire seulement deux des parties au conflit. Il faut y ajouter les victimes – qui représentent le groupe le plus nombreux (selon certaines esti-

---

[1] Pablo DE GREIFF, « A Normative Conception of Transitional Justice », *Politorbis*, 50 (3), 2010, p. 17-29. Voir également Rodrigo UPRIMMY, *Las enseñanzas del análisis comparado procesos transicionales, formas de justicia transicional y el caso colombiano*, Bogotá, Editores Antropos, 2006, p. 19.

[2] Kai AMBOS, *El marco jurídico de la justicia de transición. Especial referencia al caso colombiano*, Bogotá, Temis, 2008, p. 8.

[3] Sur la paix comme objectif central de la justice transitionnelle et sa recherche dans la transition démocratique et le post-conflit, cf. Dustin N. SHARP, « Emancipating Transitional Justice from the Bonds of the Paradigmatic Transition », *International Journal of Transitional Justice*, n° 9, 2015, p. 150-169. Voir également Catherine TURNER, « Delivering Lasting Peace, Democracy and Human Rights in Times of Transition: The Role of International Law », *International Journal of Transitional Justice*, n° 2, 2008, p. 126-151.

mations, le nombre de victimes dépasse les sept millions de personnes) – et les agents de l'État – retirés du service ou encore en fonction –, dont certains ont fait ou font encore l'objet d'enquêtes ou de condamnations pour des crimes commis dans le cadre du conflit.

En ce qui concerne ces deux derniers groupes, en aucune manière on ne peut présumer que le gouvernement national les a représentés tout au long du processus de justice transitionnelle. D'un côté, les victimes ont des intérêts qui, par certains aspects, peuvent s'opposer à ceux de l'État. Par exemple, elles peuvent demander à l'État la réparation intégrale des dommages commis illégalement durant le conflit, y compris durant le processus de justice transitionnelle, et qui sont imputables à l'action ou à l'omission de l'une des institutions étatiques. D'un autre côté, le gouvernement national ne peut être perçu comme le représentant des agents de l'État, surtout de ceux qui ont fait l'objet d'enquêtes ou de condamnations parce que, agissant en dehors de leurs fonctions constitutionnelles et légales, ils ont commis des violations des droits de l'homme. Or, en ce qui concerne ce premier aspect, il convient de se demander si ce statut de simples exécutants des forces armées et de leurs agents dans le processus de justice constitutionnelle est compatible avec le statut constitutionnel des forces militaires, le droit fondamental à l'égalité de l'article 13 de la Constitution de 1991 – Constitution qui forme le cadre juridique du processus de transition vers la paix –, et les principes internationaux qui guident les processus de justice transitionnelle.

Deuxièmement, se pose la question de savoir s'il est convenable de modifier la fonction et la structure constitutionnelle des forces armées dans le processus de justice transitionnelle, surtout pour que cette institution remplisse convenablement sa mission après la signature des accords de paix. Si un accord de paix est conclu avec la guérilla des FARC-EP, a-t-on toujours besoin des forces militaires pour la vie civile en période d'après-conflit ? La police nationale ne suffirait-elle pas ? Si les forces militaires sont encore nécessaires, comment leur structure et leur fonction devraient-elles évoluer ?

Le présent ouvrage a pour ambition de répondre à ces deux questions. L'élaboration de la réponse soulève une difficulté supplémentaire qui découle du caractère *sui generis* du processus de justice transitionnelle en Colombie. Les processus de justice transitionnelle s'inscrivent généralement dans un cadre juridique intérimaire. Les constitutions transitionnelles, comme la Constitution intérimaire d'Afrique du sud de 1993[1], en sont un exemple. Elles sont provisoires et transformatrices. Elles favorisent l'élaboration et l'application de réformes institutionnelles plus larges, et elles offrent la souplesse nécessaire pour que les partenaires, jusque-là en conflit, négocient l'adoption de nouvelles institutions constitutionnelles permanentes. En outre, elles ouvrent la voie à des transformations des fondements politiques de la société. Elles opèrent une rupture avec le passé. À cet égard, les constitutions transitoires sont différentes des constitutions permanentes. Ces dernières visent la préservation de l'ordre politique préalablement établi[2], dont elles assurent finalement la stabilité[3].

Le processus de justice transitionnelle en Colombie a cependant eu lieu dans le cadre de la Constitution de 1991, qui n'est pas une constitution transitoire mais a le caractère d'une constitution permanente. Le gouvernement actuel et le Congrès ont tenté de définir le cadre constitutionnel pour les besoins des négociations de paix par l'acte législatif 01 de 2012[4]. Toutefois, cette loi ne précise pas comment doivent être résolues les ten-

---

[1] Le texte de cette constitution peut être consulté à l'adresse http://www.gov.za/documents/constitution/93cons.htm (consulté le 25 octobre 2015).

[2] Cass Sunstein a opéré une distinction entre les constitutions transformatrices et les constitutions conservatrices. Selon Sunstein, « les constitutions conservatrices cherchent à protéger les pratiques qui ont une grande tradition et qui peuvent être mises en danger par des passions passagères ». En revanche, « les constitutions de transformation ne cherchent pas à préserver un passé idéalisé, mais montrent la voie vers un avenir idéal ». *Cf. Designing Democracy: What Constitutions Do*, Oxford, Oxford University Press, 2001, p. 67-68.

[3] *Cf.* sur la vocation à la perpétuité des constitutions : Zachary ELKINS, Tom GINSBURG et James MELTON, *The Endurance of National Constitutions*, Cambridge, Cambridge University Press, 2009.

[4] Disponible sur Internet :http://www.secretariasenado.gov.co/index.php?option=com_content&view=article&Itemid=175&id=255:acto-legislativo-1-del-2012 (consulté le 19 octobre 2015).

sions qui apparaissent entre les mesures de justice transitionnelle et les principes constitutionnels.

En tout cas, le caractère *sui generis* du processus de justice transitionnelle en Colombie fait que les dispositions fondamentales de la Constitution relatives aux forces armées ne peuvent pas être excessivement affectées durant la transition, même par le biais de réformes constitutionnelles. À cet égard, il convient de rappeler que, dans les affaires C-579 de 2013[1] et C-577 de 2014[2] relatives au contrôle de la constitutionnalité de l'acte législatif 01 de 2012, la Cour constitutionnelle a déclaré que les décisions découlant de mécanismes, de procédures et de stratégies de justice transitionnelle ne pouvaient pas affecter de manière disproportionnée les éléments essentiels de la Constitution. Ainsi se pose également la question de savoir quels genres de variations dans la structure et la fonction des forces armées, introduites en période de justice transitionnelle, devraient être considérés comme proportionnés par rapport aux principes constitutionnels qui établissent le cadre juridique des forces armées.

Pour répondre à ces questions, notre ouvrage sera organisé de la façon suivante. Dans le premier chapitre, nous analyserons les fonctions des forces armées, avant d'envisager, dans le deuxième chapitre, les limites constitutionnelles mises à l'exercice de leurs compétences. Le troisième chapitre proposera un ensemble de lignes directrices concernant la modification de la structure et du fonctionnement des forces armées qui pourrait être réalisée durant la période post-conflictuelle. Enfin, le quatrième et dernier chapitre récapitulera les résultats.

---

[1] *Cf.* Cour constitutionnelle, sentence C-579 de 2013, M.P. Jorge Ignacio Pretelt Chajub.

[2] *Cf.* Cour constitutionnelle, sentence C- 577/14, M.P. Martha Victoria Sáchica Méndez.

CHAPITRE PREMIER

LA FONCTION DES FORCES MILITAIRES

Carlos BERNAL PULIDO

L'article 217 de la Constitution dispose que les forces militaires ont pour « objectif principal la défense de la souveraineté, de l'indépendance, de l'intégrité territoriale nationale et de l'ordre constitutionnel ». L'article 2 de la loi 48 de 1993 répète *expressis verbis* cette disposition constitutionnelle[1]. À cette fonction, la jurisprudence constitutionnelle en a ajouté d'autres : la recherche de la coexistence pacifique, la protection des droits de l'homme, la protection spéciale des victimes dans le cadre de conflits armés, et enfin le développement des opérations de renseignement.

La défense de la souveraineté, de l'indépendance, de l'intégrité du territoire national et de l'ordre constitutionnel

Le rôle que la Constitution, dans son article 217, attribue explicitement aux forces armées implique qu'elles aient « le devoir constitutionnel de veiller à ce que la souveraineté et l'ordre constitutionnel ne soient pas affectés ou affaiblis[2] ».

Le concept de souveraineté, exposé originellement par Jean Bodin, se réfère à la « puissance supérieure de commande-

---

[1] La Cour constitutionnelle s'est référée à ces fonctions des forces armées, par exemple dans les sentences C-740 de 2001, M.P. Álvaro Tafur Galvis, C-1149 de 2001, M.P. Jaime Araujo Rentería, C-940 de 2002, M.P. Manuel José Cepeda Espinosa, et C-1024 de 2002, M.P. Alfredo Beltrán Sierra.
[2] *Cf.* Cour constitutionnelle, sentence SU-1184 de 2001, M.P. Eduardo Montealegre Lynett.

ment[1] ». Pour cette raison, la fonction constitutionnelle des forces armées peut être comprise comme étant de garantir que l'État colombien conserve ce pouvoir, qu'il puisse l'exercer en tout temps sur tout le territoire national et qu'il ne soit soumis à aucune autre autorité, nationale ou étrangère. En outre, comme l'État exerce ce pouvoir supérieur de commandement en vertu de l'ordre constitutionnel, les forces armées doivent veiller à ce que la Constitution et toutes les sources du droit – les lois, les règlements, les décisions judiciaires et les normes de droit privé – soient efficaces, l'efficacité consistant en l'obéissance des citoyens aux règles juridiques et en la sanction des violations des règles de comportement établies par le droit.

À son tour, la jurisprudence constitutionnelle a souligné que la « forme basique et fondamentale » que prend la fonction de garantie de l'ordre constitutionnel est « la défense et la protection des droits de l'homme[2] ». D'autres « éléments de base de l'ordre constitutionnel » sont le respect total « des principes, des droits et des devoirs consacrés par la Constitution », la « préservation du monopole de l'usage de la force et des armes entre les mains de l'État », et la garantie de « l'organisation démocratique du pays[3] ».

La Cour constitutionnelle a souligné que ces éléments centraux de l'ordre constitutionnel sont liés et interdépendants. Pour permettre le plein exercice des droits et libertés par les individus, les forces armées doivent « garantir des conditions de sécurité collective et structurelle – définies par les concepts de souveraineté, d'indépendance, d'intégrité territoriale et d'intégrité de l'ordre constitutionnel – qui permettent une coexistence harmonieuse[4] ». Le maintien de telles conditions de sécurité implique que les forces armées aient le devoir de

---

[1] Jean BODIN, *Les six livres de la République* (1583), Paris, Librairie générale française, 1993, p. 74.

[2] *Cf.* Cour constitutionnelle, sentence C-782 de 2003, M.P. Clara Inés Vargas Hernández.

[3] *Cf.* sur les éléments de l'ordre constitutionnel : Cour constitutionnelle, sentences SU-1184 de 2001, M.P. Eduardo Montealegre Lynett, et T-327 de 2004, M.P. Alfredo Beltrán Sierra.

[4] *Cf.* Cour constitutionnelle, sentence SU-1184 de 2001, M.P. Eduardo Montealegre Lynett.

« veiller à la coexistence pacifique[1] », de prévenir la guerre[2] et, quand celle-ci est inévitable, d'en limiter les effets[3]. Ce dernier devoir comprend celui d'éviter que les citoyens soient victimes du conflit, de telle sorte qu'ils puissent jouir de leurs droits[4].

Dans le même sens, la Cour constitutionnelle a jugé que les forces armées et la police nationale « sont en position de garants découlant de leur obligation de respecter les droits inaliénables dans un État social de droit[5] ». Selon la Cour, la défense de l'ordre constitutionnel ne se limite pas à la préservation de la « structure démocratique du pays, mais comprend également le devoir de participer activement et efficacement (article 209 de la Constitution) à la défense des droits constitutionnels des individus [...] qui sont les droits que l'État a le devoir – auquel il ne peut renoncer – de protéger[6] ».

La recherche de la coexistence pacifique

Les forces armées ont une fonction qui n'est pas détachable de celles précédemment évoquées : celle de la recherche de la coexistence pacifique. En ce sens, la jurisprudence constitutionnelle a précisé que les forces armées sont un moyen constitutionnel d'assurer la paix. La paix est, à son tour, « un objectif fondamental de l'État et le but de l'activité militaire des forces de l'ordre constitutionnel[7] ». Il en va ainsi parce que, en raison de sa mention dans le préambule[8], la paix « est une valeur de la

---

[1] *Ibid.*.
[2] *Cf.* Cour constitutionnelle, sentence C-328 de 2000, M.P. Eduardo Cifuentes Muñoz.
[3] *Ibid.*.
[4] *Cf.* Cour constitutionnelle, sentence SU-1184 de 2001. M.P. Eduardo Montealegre Lynett.
[5] *Ibid.*.
[6] *Ibid.*.
[7] *Cf.* Cour constitutionnelle, sentence T-439 de 1992, M.P. Eduardo Cifuentes Muñoz.
[8] *Cf.* Préambule de la Constitution : « Les habitants de la Colombie, dans l'exercice de leur pouvoir souverain, représentés par leurs délégués à l'Assemblée nationale constituante, invoquant la protection de Dieu, et afin de renforcer l'unité de la nation et d'assurer la vie de ses membres, de la coexistence, du travail, de la justice, de l'égalité, de la connaissance, de la liberté et de la paix dans un cadre légal, démocratique et participatif pour assurer un

société et le fondement de l'État et des droits de l'homme[1] ». En outre, conformément à l'article 2 de la Constitution[2], elle est « un objectif essentiel qui rayonne dans le système juridique et qui, comme principe, devrait orienter l'action des pouvoirs publics[3] ». En outre, comme « présupposé du processus démocratique, libre et ouvert[4] », la paix est une « condition nécessaire de la jouissance effective des droits fondamentaux[5] » et, en elle-même, elle constitue un droit fondamental[6] et un « devoir qui a force obligatoire[7] ».

Il découle de cet ensemble de dispositions constitutionnelles que les forces militaires doivent prendre « les mesures efficaces, non seulement pour prévenir, mais aussi pour éliminer les actes d'agression et de violation de la paix[8] ». L'une de ces mesures est le recrutement d'effectifs par le service militaire obligatoire[9].

---

ordre politique, économique et social équitable, et engagé dans la conduite de l'intégration des communautés d'Amérique latine, décrète, sanctionne et promulgue ce qui suit : la Constitution de la Colombie. »

[1] *Cf.* Cour constitutionnelle, sentence T-439 de 1992, M.P. Eduardo Cifuentes Muñoz.

[2] *Cf.* Article 2 de la Constitution : « Sont des objectifs essentiels de l'État : servir la communauté, promouvoir la prospérité générale et garantir l'efficacité des principes, des droits et des devoirs énoncés dans la Constitution ; faciliter la participation de tous aux décisions qui les concernent et dans la vie économique, politique, administrative et culturelle de la nation ; défendre l'indépendance nationale, maintenir l'intégrité territoriale et assurer la coexistence pacifique et un ordre juste. Les autorités de la République sont instituées pour protéger toutes les personnes résidant en Colombie, dans leur vie, leur honneur, leurs biens, leurs croyances et les autres droits et libertés, et de garantir le respect des obligations sociales de l'État et des particuliers. »

[3] *Cf.* Cour constitutionnelle, sentence C-048 de 2001. M.P. Eduardo Montealegre Lynett.

[4] *Ibid.*.

[5] *Ibid.*.

[6] *Cf.* Article 22 de la Constitution : « La paix est un droit et un devoir obligatoire. »

[7] *Cf.* Cour constitutionnelle, sentence T-439 de 1992, M.P. Eduardo Cifuentes Muñoz.

[8] *Cf.* Cour constitutionnelle, sentence C-048 de 2001, M.P. Eduardo Montealegre Lynett.

[9] *Cf.* Cour constitutionnelle, sentence C-511 de 1994, M.P. Fabio Morón Díaz.

Ce cadre constitutionnel implique également que, dans le processus de justice transitionnelle, les forces armées puissent adapter leurs fonctions afin de garantir la paix. Selon le paragraphe 4 de l'article 189 de la Constitution, il revient au président de la République, en sa qualité de commandant suprême des forces armées, de maintenir l'ordre public dans tout le pays et de le restaurer là où il a été perturbé. À cet effet, il peut utiliser divers mécanismes légitimes[1], y compris des mécanismes de résolution pacifique des conflits, tels que les « pourparlers de paix avec les groupes de la guérilla, la signature d'accords sur la réalisation de la coexistence pacifique et la mise en place de contrôles dans les zones où se trouvent temporairement des groupes hors-la-loi[2] ». Toutefois, la Cour constitutionnelle a souligné que les mesures prises à cet égard devaient être temporaires. En ce qui concerne la démilitarisation, qui constitue l'une des mesures possibles pour assurer la paix, la Cour a déclaré à plusieurs reprises que « le caractère transitoire de la démilitarisation est lié au temps nécessaire pour assurer la coexistence pacifique, ce qui n'a pas été préalablement mentionné, mais qu'il doit être compatible avec la nature politique des négociations[3] ».

Sur cette question, dans le processus actuel de justice transitionnelle, il convient de se demander si la désescalade militaire est contraire à la Constitution, amoindrissant éventuellement les chances d'aboutir à la coexistence pacifique. Il est important de noter que si les forces armées s'abstiennent totalement d'accorder leur protection aux citoyens, leurs actions en tant qu'institution sont inconstitutionnelles, leurs membres peuvent être pénalement responsables au niveau national et international, et l'État peut être tenu responsable sur le plan extracontractuel pour les violations et les dommages causés par les attaques de la guérilla et d'autres groupes armés[4]. Cependant, il

---

[1] *Cf.* Cour constitutionnelle, sentence C-048 de 2001, M.P. Eduardo Montealegre Lynett.

[2] *Ibid.*

[3] *Cf.* Cour constitutionnelle, sentence C-048 de 2001, M.P. Eduardo Montealegre Lynett.

[4] Dans de telles situations, le Conseil d'État n'a pas hésité à déclarer la responsabilité extracontractuelle de l'État pour avoir manqué à son devoir

est également évident que l'adoption de mécanismes, de procédures et de stratégies de justice transitionnelle peut impliquer l'assouplissement du respect des principes constitutionnels comme ceux qui régissent les fonctions des forces armées. L'analyse d'un tel assouplissement est complexe. Elle repose sur l'étude des conflits que la mise en œuvre d'une stratégie de justice transitionnelle comme la désescalade militaire peut provoquer entre le but de la justice transitionnelle elle-même et les principes constitutionnels. Le cadre juridique pour la paix – acte législatif 01 de 2012 – ne détermine pas les modalités de résolution de ces conflits.

La désescalade militaire implique, d'une part, un conflit entre les objectifs de paix, de réconciliation et de démobilisation, propres à la justice transitionnelle, d'autre part, le principe constitutionnel selon lequel les forces armées doivent remplir la fonction de défense de la souveraineté, de l'indépendance, de l'intégrité du territoire national et de l'ordre constitutionnel, et d'être garantes des droits fondamentaux et de la coexistence pacifique. La jurisprudence constitutionnelle, en particulier les sentences C-579 de 2013[1] et C-577 de 2014[2], incite à penser que de tels conflits découlant de l'adoption de mécanismes, de procédures et de stratégies de justice transitionnelle, doivent être résolus en appliquant le principe de proportionnalité.

Sur ce fondement, on peut signaler qu'une stratégie militaire de désescalade est compatible avec la Constitution si elle respecte les exigences du principe de proportionnalité. Ce principe de proportionnalité est une notion juridique d'origine allemande apparue dans la jurisprudence constitutionnelle. Sa fonction

---

d'assurer la protection des victimes contre les actes de violence perpétrés par des tiers. *Cf.*, sur cette ligne jurisprudentielle (avec les citations et les analyses les plus pertinentes) et sur ses bases doctrinales : Enrique GIL BOTERO, « La teoría de la imputación objetiva en la responsabilidad extracontractual del Estado en Colombia », *in* Carlos BERNAL PULIDO et Jorge FABRA ZAMORA, *La filosofía de la responsabilidad civil. Estudios sobre los fundamentos filosófico-jurídicos de la responsabilidad civil extracontractual*, Bogotá, Universidad Externado de Colombia, 2013, p. 471-512.

[1] Cour constitutionnelle, sentence C-579 de 2013, M.P. Jorge Ignacio Pretelt Chajub.

[2] Cour constitutionnelle, sentence C-577 de 2014, M.P. Martha Victoria Sáchica Méndez.

principale est de fonder les critères permettant de déterminer quand une mesure prise par les pouvoirs publics viole les principes constitutionnels, en particulier les droits fondamentaux. Le principe de proportionnalité est composé de trois sous-principes : le sous-principe d'adéquation, le sous-principe de nécessité, et la pondération ou sous-principe de proportionnalité au sens strict. Chacun de ces sous-principes pose une exigence que toute mesure touchant aux principes constitutionnels doit respecter. Ces exigences peuvent être formulées de la façon suivante[1].

Selon le sous-principe d'adéquation, toute atteinte à un principe constitutionnel devrait être suffisante pour contribuer à la réalisation d'un objectif légitime. Ce sous-principe pose donc deux exigences : la légitimité du but et l'adéquation de la mesure examinée. Selon la première exigence, pour qu'une mesure soit légitime, elle doit viser la protection d'un droit fondamental ou d'un autre intérêt juridique légitime. Selon la seconde exigence, pour qu'une telle mesure soit appropriée, elle doit contribuer d'une certaine façon à atteindre cet objectif.

Selon le sous-principe de nécessité, toute atteinte à un principe constitutionnel doit être la plus bénigne possible parmi toutes celles qui sont au moins aussi capables de contribuer à atteindre l'objectif visé. Ce sous-principe implique donc une comparaison entre la mesure prise et les autres mesures possibles. Cette comparaison doit tenir compte des facteurs suivants : (1) l'existence d'une autre mesure au moins aussi adéquate que celle qui a été adoptée et, si c'est le cas, (2) le fait que cette mesure alternative porte atteinte au principe constitutionnel pertinent à un degré moindre que la mesure adoptée.

Enfin, selon la pondération ou principe de proportionnalité au sens strict, l'importance de l'objectif poursuivi par l'atteinte à un principe constitutionnel doit être proportionnelle à l'importance du principe concerné. En d'autres termes, les avantages obtenus en portant atteinte à un principe constitutionnel doivent l'emporter sur les sacrifices qu'elle entraîne. La

---

[1] *Cf.* Carlos BERNAL PULIDO, *El principio de proporcionalidad y los derechos fundamentales*, Bogotá, Universidad Externado de Colombia, 4e éd., 2014, chap. 6.

pondération implique donc d'opérer une comparaison entre deux intensités ou degrés, à savoir celui de la réalisation de l'objectif visé par la mesure envisagée et celui de l'atteinte au principe constitutionnel. Sont ainsi inconstitutionnelles des interventions aux conséquences importantes pour les principes constitutionnels et qui ne produisent que des avantages minimes pour atteindre les fins visées.

Si l'atteinte à un principe constitutionnel ne répond pas aux exigences de ces trois sous-principes de proportionnalité, elle est inconstitutionnelle.

Ces critères de proportionnalité servent à évaluer la constitutionnalité des mécanismes, des procédures et des stratégies de justice transitionnelle. Dans ce cadre, chacun des trois sous-principes de proportionnalité établit une exigence à laquelle chaque stratégie de justice transitionnelle doit se conformer. Le sous-principe d'adéquation impose que le mécanisme pertinent contribue à atteindre l'un des objectifs de la justice transitionnelle. Le sous-principe de nécessité exige que la mesure adoptée soit celle qui restreint le moins les principes constitutionnels parmi l'ensemble des mesures devant permettre d'atteindre l'objectif poursuivi. Enfin, le sous-principe de proportionnalité au sens strict, ou de pondération, exige que les stratégies de justice transitionnelle permettent d'atteindre les buts poursuivis à un degré qui justifie celui auquel sont restreints les principes constitutionnels[1].

Cette analyse de la proportionnalité peut être utilisée pour déterminer dans quelle mesure une stratégie de désescalade militaire est constitutionnelle ou non. De cette analyse découlent les considérations suivantes.

En ce qui concerne l'adéquation, il doit être établi que la désescalade militaire est une stratégie qui contribue effectivement à la réalisation des objectifs de paix, de réconciliation et de démobilisation associés à la justice transitionnelle. Le comportement des FARC montrera si la désescalade est en effet adé-

---

[1] *Cf.* sur le caractère opportun de l'usage du principe de proportionnalité au sens strict dans ce contexte : Kai AMBOS, « El marco jurídico de la justicia de transición », *in* Kai AMBOS, Ezequiel MALARINO et Gisela ELSNER (eds.), *Justicia de transición. Informes de América Latina, Alemania, Italia y España*, Montevideo, Fundación Konrad Adenauer, 2009, p. 57 et s..

quate pour encourager la guérilla à accepter ces objectifs. En ce sens, la désescalade doit être évaluée de manière cohérente. Si, en dépit de la désescalade, la guérilla continue de commettre des attaques, des actes de guerre, des violations des droits de l'homme et des droits fondamentaux du peuple ou des membres des forces armées, ou des attaques contre les infrastructures ou l'environnement, il ne sera pas convenable de considérer la désescalade comme étant un moyen approprié pour réaliser la paix, la réconciliation et la démobilisation. Au contraire, les preuves que la désescalade est adaptée sont la volonté de la guérilla de faire avancer le processus de paix, le cessez-le-feu définitif et la démobilisation de ses membres.

Quant à la nécessité, la désescalade militaire peut présenter des formes et des intensités diverses. Il s'agit là d'un aspect militaire de l'opération. Cependant, du point de vue constitutionnel, il est clair que, pour choisir la stratégie spécifique de la désescalade, le gouvernement national devrait prendre en compte le sous-principe de nécessité. Dans ce domaine, ce sous-principe exige que toute limitation du principe constitutionnel selon lequel les forces armées, en tant que garantes des droits fondamentaux et de la coexistence pacifique, doivent remplir la fonction de défense de la souveraineté, de l'indépendance, de l'intégrité territoriale nationale et de l'ordre constitutionnel, soit la plus bénigne possible parmi toutes les mesures qui ont au moins la même capacité de contribuer à la réalisation des objectifs de paix, de réconciliation et de démobilisation. Quand on envisage une stratégie spécifique de désescalade, il est nécessaire de tenir compte de trois aspects : vérifier s'il existe des stratégies alternatives à celle envisagée, déterminer si l'une de ces stratégies alternatives est aussi appropriée pour atteindre l'objectif, et établir si une stratégie alternative répond à cette condition, tout en limitant dans une moindre mesure la possibilité pour les forces armées de remplir leur rôle constitutionnel. Il est clair que seules les forces armées, en raison de leur expertise opérationnelle, peuvent apporter une réponse appropriée à ces trois questions.

Enfin, le sous-principe de proportionnalité conduit à recourir à la méthode de la pondération qui exige que la stratégie de désescalade permette d'obtenir la paix, la réconciliation et la démobilisation, à un degré qui justifie l'atteinte au principe constitutionnel selon lequel les forces militaires doivent remplir la fonction de défense de la souveraineté, de l'indépendance, de l'intégrité du territoire et de l'ordre constitutionnel et être garantes des droits fondamentaux et de la coexistence pacifique. Dans cette analyse, il faut également donner la priorité à l'évaluation que les forces armées peuvent faire, du point de vue opérationnel, des différentes stratégies de désescalade. La Constitution ne prévoit pas une stratégie de désescalade comme étant seule capable d'assurer le succès du processus en cours de justice transitionnelle. En ce sens, les forces armées et le gouvernement national ont le pouvoir discrétionnaire de choisir parmi plusieurs stratégies possibles, tant que celles-ci ne sont pas disproportionnées.

Dans tous les cas, à partir de l'article 217 de la Constitution et de la jurisprudence constitutionnelle précitée, il est possible d'identifier des mesures de désescalade qui seraient clairement disproportionnées pour assurer la coexistence pacifique. Celles-ci comprennent au moins les éléments suivants :

(a) Établir une zone démilitarisée, afin de permettre le retrait des forces armées d'une région du pays. Cette stratégie est également disproportionnée par rapport au devoir des forces armées de défendre la souveraineté, l'indépendance et l'intégrité du territoire national.

(b) Renoncer à la protection de la vie et de l'intégrité de tous les habitants du territoire et à la défense de la sécurité intérieure et extérieure de la nation. Les forces armées ne peuvent pas renoncer à leur mission de repousser toute attaque contre la population civile, les membres des forces armées, l'environnement ou les infrastructures nationales et la propriété privée. Une désescalade impliquant le renoncement à la défense contre les attaques est disproportionnée.

(c) Renoncer à la prévention des attaques que nous venons de mentionner. Le renoncement à la défense et à la prévention des attaques contre la population civile peut engager la responsabilité pénale, nationale et internationale des membres des forces armées, ainsi que la responsabilité extra-contractuelle de l'État pour les dommages causés par les attaques des guérilleros rendues possibles par l'inaction des forces armées.

(d) Renoncer à la poursuite active des auteurs de crimes de guerre et de crimes contre l'humanité et autres crimes internationaux en vertu du statut de Rome, le texte juridique qui définit les fonctions de la Cour pénale internationale.

La protection des droits de l'homme

Tout ceci est indissociablement lié au rôle des forces armées en matière de protection des droits de l'homme. Selon la Cour constitutionnelle, le rôle de garantes du « respect des droits fondamentaux des Colombiens » que remplissent les forces armées présente plusieurs aspects[1] :

(a) Les forces armées et leurs membres ne peuvent pas renoncer à « la protection de la vie et de l'intégrité de tous les habitants du territoire et à la défense de la sécurité intérieure et extérieure de la nation ».

(b) Ce devoir de protéger les droits fondamentaux est consacré par le devoir de défendre les gens contre « les groupes armés – guérilla ou paramilitaires ». En ce sens, « les forces armées ont l'obligation d'intervenir – en tant que garantes – face à une atteinte individuelle ou collective aux droits constitutionnels des individus ainsi, plus généralement, qu'aux droits de l'homme. Par conséquent, elle ne peuvent s'abstenir de lancer des opérations de sauvetage, sauf en cas d'impossibilité juridique ou factuelle, de commission d'actes graves de violation de ces droits, y compris les comportements de crimes contre l'humanité, comme i) la violation des interdictions établies par le protocole II additionnel aux accords de Genève et le droit international général ou les traités de limitation de l'utilisation des armes dans la guerre (ou dans des conflits armés internes), ii) les actions contre les biens culturels pendant la guerre et les conflits armés internes, iii) ou les actes de barbarie pendant la guerre et les conflits armés internes tels que les mutilations, la torture, les assassinats, les viols, la prostitution et la disparition forcées et autres traitements cruels et inhumains incompatibles

---

[1] *Cf.* Cour constitutionnelle, sentences SU-1184 de 2001, M.P. Eduardo Montealegre Lynett, et T-327 de 2004, M.P. Alfredo Beltrán Sierra. Les passages ci-après entre guillemets sont des citations de la sentence SU-1184 de 2001, rappelées dans la sentencia T-327 de 2004.

avec le sentiment d'humanité, parce que les forces armées sont tenues d'empêcher que de tels événements ne se produisent ».

(c) « Les forces armées ont l'obligation absolue d'empêcher la méconnaissance du droit international humanitaire (restriction absolue même dans le cadre de l'état d'urgence prévu à l'article 214 de la Constitution) et des droits qui, conformément aux traités internationaux ratifiés par la Colombie, ne peuvent être suspendus pendant l'application de l'état d'urgence (article 93 de la Constitution). »

(d) La violation du devoir de protection peut engager la responsabilité pénale des membres des forces armées. C'est le cas, par exemple, « si un membre de la police qui a, dans le cadre de sa responsabilité, le devoir de protéger une population menacée par des groupes hors-la-loi, n'intervient pas alors qu'il dispose des moyens matériels pour le faire ». Dans ce cas, « les conséquences dommageables (graves violations des droits de l'homme) qu'ils [les groupes hors-la-loi] auront commises contre le peuple » lui seront imputables.

(e) De plus, la jurisprudence de la troisième section du Conseil d'État a déclaré de façon catégorique que le non-respect par les forces armées du devoir de protection engage également la responsabilité extra-contractuelle de l'État[1].

(f) En outre, la Cour constitutionnelle a détaillé certains biens et personnes qui méritent une protection spéciale durant les périodes de conflit interne. Dans la sentence C-291 de 2007, elle a noté que, selon le droit international humanitaire coutumier et conventionnel, en périodes de conflit armé interne, « il est du devoir de l'État d'accorder une protection spéciale à certaines personnes et à certains biens » particulièrement vulnérables aux effets de la guerre[2]. Ces catégories de personnes et des biens protégés sont : « (a) le personnel et le matériel médical et religieux, (b) le personnel et le matériel de l'aide humani-

---

[1] *Cf.* entre autres les sentences suivantes du Conseil d'État, troisième section : sentence du 4 décembre 2007, affaire n° 16894 ; sentence du 20 février 2008, affaire n° 16.996 ; sentence du 28 janvier 2009, affaire n° 30340 ; sentence du 26 février 2009, affaire n° 13.44440 ; sentence du 26 mars 2009, affaire n° 17994 ; et sentence du 18 février 2010, affaire n° 18274.

[2] *Cf.* Cour constitutionnelle, sentence C-291 de 2007, M.P. Manuel José Cepeda Espinosa.

taire[1], le personnel et le matériel des missions de maintien de la paix[2], les journalistes[3], les biens culturels[4] et les installations qui contiennent des armes dangereuses[1] ».

---

[1] *Cf.* la systématisation des normes coutumières de droit international humanitaire réalisée par le Comité international de la Croix-Rouge, norme 31 de l'étude sur le droit international humanitaire coutumier de 2005 : « Le personnel de secours humanitaire doit être respecté et protégé. » ; norme 55 de l'étude sur le droit international humanitaire coutumier de 2005 : « Les parties au conflit doivent autoriser et faciliter le passage rapide et sans encombre de secours humanitaires destinés aux personnes civiles dans le besoin, de caractère impartial et fournis sans aucune distinction de caractère défavorable, sous réserve de leur droit de contrôle. »

[2] Cf. la systématisation des normes coutumières de droit international humanitaire réalisée par le Comité international de la Croix-Rouge, règle 33 de l'étude sur le droit international humanitaire coutumier de 2005 : « Il est interdit de lancer une attaque contre le personnel et le matériel employés dans le cadre d'une mission de maintien de la paix conformément à la Charte des Nations Unies, pour autant qu'ils aient droit à la protection que le droit international humanitaire garantit aux civils ou aux biens de caractère civil. »

[3] *Cf.* la systématisation des normes coutumières de droit international humanitaire réalisée par le Comité international de la Croix-Rouge, règle 34 de l'étude sur le droit international humanitaire coutumier de 2005 : « Les journalistes civils qui accomplissent des missions professionnelles dans des zones de conflit armé doivent être respectés et protégés, aussi longtemps qu'ils ne participent pas directement aux hostilités. »

[4] Le droit international humanitaire impose aux parties à un conflit armé interne de respecter et de protéger les biens culturels. Selon cette loi, sont des biens culturels : (i) les biens culturels en général – « les bâtiments consacrés à la religion, aux oeuvres de charité, à l'éducation, aux arts ou aux sciences, ainsi que les monuments historiques et les œuvres artistiques ou scientifiques » – ; (ii) le bien culturel d'une importance particulière pour le patrimoine de tous les peuples – « les monuments historiques, les œuvres d'art ou les lieux de culte qui constituent le patrimoine culturel ou spirituel des peuples ». Ces deux types de biens sont protégés par des dispositions spécifiques du traité – la Convention de La Haye de 1954 pour les premiers, et le Protocole additionnel II pour les seconds –, et les garanties qui protègent font également partie du droit droit international humanitaire coutumier. La différence essentielle est le renforcement des protections applicables à la catégorie de biens culturels (iii). Le protocole additionnel II prévoit, dans son article 16 (« Protection des biens culturels et des lieux de culte ») : « Sans préjudice des dispositions de la Convention de La Haye du 14 mai 1954 sur la protection des biens culturels en cas de conflit armé, il est interdit de commettre des actes d'hostilité dirigés contre des monuments historiques, des œuvres d'art ou des lieux de culte qui constituent le patrimoine culturel ou spirituel des peuples, et de les utiliser à l'appui de l'effort militaire. »

La protection spéciale des victimes

Il convient de se pencher plus particulièrement sur la question de la protection spéciale des victimes comme fonction des forces armées. Les victimes font l'objet d'« une attention particulière » dans tous les conflits de nature pénale[2]. Le principe de la protection des victimes découle de la relation entre le droit constitutionnel et le droit pénal dans un État social de droit. Ce cadre « promeut un concept de politique pénale respectueuse des droits fondamentaux de tous les sujets et d'autres personnes impliquées dans le processus[3] ». Les droits des victimes ont une valeur constitutionnelle, comme l'a reconnu la Cour constitutionnelle[4], et sa consécration en tant que telle vise à guider la procédure pénale et le rétablissement de la paix, en tant que finalité de l'État de droit. Bien sûr, cette protection spéciale des droits des victimes est particulièrement importante dans un processus de justice transitionnelle conduit après un conflit armé.

Le contenu du droit de la protection des victimes a été fondé, par la Constitution et la jurisprudence constitutionnelle, sur les principes suivants :

(I) l'obligation d'interpréter les droits et les devoirs conformément aux traités internationaux relatifs aux droits de l'homme ratifiés par la Colombie (article 93 de la Constitution) ; (II) la constitutionnalisation directe des droits des victimes (article 250 n ° 6 et 7 de la Constitution) ; (III) le devoir des autorités en général, et des autorités judiciaires en particulier, d'assurer la jouissance effective des droits de toutes les per-

---

[1] Le protocole additionnel II consacre une disposition spécifique à ce type de biens en établissant, à l'article 15 (« Protection des ouvrages et des installations qui contiennent des forces dangereuses ») : « Les ouvrages ou installations qui contiennent des forces dangereuses, à savoir les barrages, les digues et les centrales nucléaires, ne feront pas l'objet d'attaques, bien qu'elle aient des objectifs militaires, quand de telles attaques pourraient produire la libération de ces forces et causer par conséquent des pertes importantes dans la population civile. » *Cf.* également Cour constitutionnelle, sentence C-291 de 2007. M.P. Manuel José Cepeda Espinosa.

[2] *Cf.* Cour constitutionnelle, sentence T-347 de 2013, M.P. Jorge Ignacio Pretelt Chaljub.

[3] *Ibid.*.

[4] *Ibid.*.

> sonnes résidant en Colombie et la protection des droits reconnus par la loi (article 2 de la Constitution) ; (IV) le principe de la dignité humaine qui fonde le droit de savoir ce qui est arrivé et de voir la justice rendue (article 1er de la Constitution) ; (V) le principe de primauté du droit qui favorise la participation, et dont il découle que l'implication des victimes dans les procédures pénales ne peut être réduite aux seules créances pécuniaires ; (VI) et surtout le droit d'accès à la justice[1].

En outre, la jurisprudence constitutionnelle a lié la protection des victimes à la satisfaction des droits à la vérité, à la justice et à la réparation complète des dommages subis. Le contenu de ces droits des victimes est défini de la manière suivante :

> Le droit à la vérité, c'est-à-dire la possibilité de savoir ce qui est arrivé et de trouver une correspondance entre la vérité du procès et la vérité réelle. Le droit à la justice, à savoir le droit qu'il n'y ait aucune impunité. Cette loi comporte un certain nombre de garanties pour les victimes de crimes qui résultent d'une obligation corrélative incombant aux autorités d'assurer le droit à une indemnisation intégrale des dommages qui ont été causés, par une compensation financière, qui est la façon traditionnelle d'indemniser la victime d'un crime. Ce droit comprend les mesures individuelles relatives au droit (i) de restitution, (ii) d'indemnisation, (iii) de réadaptation, (iv) de satisfaction et (v) de garantie de non-répétition. Dans sa dimension collective, elle implique des mesures de satisfaction générale, l'adoption de mesures visant à restaurer les droits des communautés directement touchées par les violations des droits ou à indemniser les dommages. Le droit constitutionnel à une indemnisation intégrale des victimes n'a pas seulement un fondement express dans les articles 1, 2 et 250 de la Constitution, mais aussi dans diverses normes de droit international qui font partie du bloc de constitutionnalité et sont donc liées à notre système juridique[2].

Enfin, la Cour constitutionnelle a établi la catégorie des victimes du conflit armé, en tant que sujets de droit bénéficiant d'une protection spéciale. Il s'agit de victimes de conflits armés quand les événements qui les touchent ont une relation directe suffisante avec eux. De ce point de vue, elle a reconnu comme

[1] *Ibid.*.
[2] *Ibid.*.

des événements survenus dans le contexte des conflits armés : (I) le déplacement intra-urbain[1], (II) le confinement de la population[2], (III) la violence sexuelle contre les femmes[3], (IV) la violence généralisée[4], (V) les menaces de groupes armés démobilisés[5], (VI), les actions légitimes de l'État[6], (VII) les actions atypiques de l'État[7] ; (VIII) les faits attribuables à des organisations criminelles[8], (IX) les faits imputables à des groupes armés non identifiés[9], et (X) les faits imputables à des groupes de sécurité privés[10]. Alors que certains de ces événements peuvent également se produire sans avoir de rapport avec le conflit armé, ils sont des indicateurs *prima facie* du fait que ceux qui les ont subis sont victimes du conflit. Cependant, la reconnaissance définitive de cette nature ne peut être faite qu'après une analyse dans chaque cas[11].

---

[1] *Cf.* Cour constitutionnelle, sentence T-268 de 2003, M.P. Marco Gerardo Monroy Cabra.
[2] *Cf.* Cour constitutionnelle, ordonnance 093 de 2008, M.P. Manuel José Cepeda Espinosa, et sentence T-402 de 2011, M.P. Gabriel Eduardo Mendoza Martelo.
[3] *Cf.* Cour constitutionnelle, ordonnance 092 de 2008, M.P. Manuel José Cepeda Espinosa, et sentence T-611 de 2007, M.P. Nilson Pinilla Pinilla.
[4] *Cf.* Cour constitutionnelle, sentence T-821 de 2007, M.P. (E) Catalina Botero Marino.
[5] *Cf.* Cour constitutionnelle, sentence T-895 de 2007, M.P. Clara Inés Vargas Hernández.
[6] *Cf.* Cour constitutionnelle, sentence T-630 de 2007, M.P. Humberto Antonio Sierra Porto, T-611 de 2007, M.P. Humberto Antonio Sierra Porto), et T-299 de 2009, M.P. Mauricio González Cuervo, ainsi que l'ordonnance 218 de 2006, M.P. Manuel José Cepeda Espinosa.
[7] *Cf.* Cour constitutionnelle, sentence T-318 de 2011, M.P. Jorge Iván Palacio Palacio.
[8] *Cf.* Cour constitutionnelle, sentence T-129 de 2012, M.P. Jorge Pretelt Chaljub.
[9] *Cf.* Cour constitutionnelle, sentence T-265 de 2010, M.P. Juan Carlos Henao Pérez, et T-188 de 2007, M.P. Álvaro Tafur Galvis.
[10] *Cf.* Cour constitutionnelle, sentence T-076 de 2011, M.P. Luis Ernesto Vargas Silva.
[11] *Cf.* Cour constitutionnelle, sentence C-781 de 2012, M.P. María Victoria Calle Correa.

Le renseignement

La fonction de renseignement et de contre-espionnage des forces armées a été définie par la Cour constitutionnelle, dans la sentence C-540 rendue en 2012, dans les termes suivants :

> I) elle est assurée par les institutions nationales spécialisées, II) en utilisant des moyens humains ou techniques, III) pour la collecte, le traitement, l'analyse et la diffusion de l'information, et IV) avec pour objectifs la protection des droits de l'homme, la prévention et la lutte contre les menaces internes ou externes contre la vie du système démocratique, le régime constitutionnel et juridique, la sécurité et la défense nationale, et afin de remplir les autres fins énoncées dans la loi[1].

Pour la Cour,

> les services de renseignement et de contre-espionnage ont un fondement constitutionnel dans la mesure où ils jouent un rôle important dans la protection des États et de leurs populations contre les menaces contre la sécurité nationale. Alors que le renseignement et le contre-espionnage ont des points communs, ils se distinguent généralement par le fait que tandis que le premier vise la collecte, l'évaluation et l'analyse de l'information en vue de produire des connaissances pour la prise de décisions, notamment en matière de sécurité nationale et de défense, le second vise à détecter et à neutraliser les actions de renseignement réalisées au niveau intérieur ou par d'autres États, organisations, individus ou leurs agents locaux[2].

Dans la sentence C-913 de 2010, la Cour a déclaré :

> Les activités de renseignement et de contre-espionnage sont parfaitement légitimes et ont un fondement constitutionnel clair, que l'on peut trouver notamment à l'article 2 de la Constitution, qui indique comme fins essentielles de l'État colombien celles de servir la communauté, de promouvoir la prospérité générale, de garantir l'effectivité des principes, des droits et des devoirs consacrés par la Constitution, de défendre l'indépendance nationale, de maintenir l'intégrité territoriale et d'assurer la coexistence pacifique et le maintien d'un ordre

---

[1] *Cf.* Cour constitutionnelle, sentence C-540 de 2012, M.P. Jorge Iván Palacio Palacio.

[2] *Cf.* Cour constitutionnelle, sentence C-540 de 2012, M.P. Jorge Iván Palacio Palacio.

juste, ainsi qu'aux articles 217 et 218 de la Constitution, respectivement sur les forces armées et la police nationale[1].

Pour l'exercice de cette fonction, la jurisprudence constitutionnelle a reconnu que l'État

> doit être doté, dans le respect des droits de l'homme et du droit à un procès équitable, d'outils appropriés qui lui permettent de maintenir un climat de paix et la coexistence, de sorte que l'on puisse collecter et archiver des informations sur une personne, dans le cadre de ses fonctions légitimes et démocratiques. Les organismes de sécurité de l'État, sur le plan intérieur, peuvent et doivent disposer de toute l'information nécessaire pour l'exercice normal, adéquat, efficient, légitime et démocratique de leur fonction de service rendu à la société civile et de défense de l'ordre public et des institutions[2].

Toutefois, dans l'exercice de la fonction de renseignement et de contre-espionnage, il existe aussi des limites fixées par le « respect des droits de l'homme, l'application stricte de la Constitution et de la loi, le droit international des droits de l'homme et le droit international humanitaire[3] ». À cet égard, la Cour constitutionnelle a exigé que toute mesure de renseignement et de contre-espionnage :

> 1. Définisse clairement l'autorité qui autorise ou ordonne, ou quelles sont les raisons ou les motifs juridiques de sa réalisation et quelles sont les méthodes autorisées pour sa mise en œuvre ; 2. Corresponde aux mesures strictement nécessaires aux finalités de la fonction ; 3. Conserve la symétrie avec les buts constitutionnels en utilisant des moyens moins invasifs ; 4. Ne méconnaisse pas le contenu essentiel des droits fondamentaux ; 5. Établisse un compte rendu des actions entreprises ou réalisées ; 6. Respecte une procédure prévue par la loi ; 7. Se soumette à des contrôles et à une supervision ; 8. Mette en place des mécanismes pour connaître des réclamations des personnes ; et 9. Implique que l'écoute ou l'enregistrement des

---

[1] *Cf.* Cour constitutionnelle, sentence C-913 de 2010, M.P. Nilson Pinilla Pinilla.

[2] *Cf.* Cour constitutionnelle, sentence T-444 de 1992, M.P. Alejandro Martínez Caballero.

[3] *Cf.* Cour constitutionnelle, sentence C-540 de 2012, M.P. Jorge Iván Palacio Palacio.

communications soit incontestablement fondé sur une autorisation judiciaire[1].

La loi statutaire 1621 de 2013, quant à elle, établit, à l'article 3, que la fonction de renseignement et de contre-espionnage ne peut être assurée que par des unités des forces armées et de la police nationale spécialisées, l'Unité d'information et d'analyse financière (UIAF), et les autres organismes habilités par la loi[2]. Cet article prévoit que seules ces organisations constituent les organes de renseignement et sont les seules autorisées à mener des activités de ce type, en pleine conformité avec la loi. En outre, l'article 9 prévoit la création d'un Comité de renseignement commun afin de fournir au gouvernement national un avis sur les activités de renseignement et de contre-espionnage ; il doit être composé de dix membres parmi lesquels le chef du renseignement commun, représentant le commandant général des forces armées, le chef du renseignement de l'armée, représentant le commandant de cette force, et le chef du renseignement de la Marine, représentant le commandant de cette force.

Le droit comparé définit de façon similaire la fonction de renseignement. Dans la Constitution argentine, par exemple (article 99, n° 13 à 16), la fonction de renseignement, appelée « techniques policières de prévention du crime », est réglementée et définie dans les termes suivants : 1. *Renseignement national :* « activité consistant en l'obtention, la réunion, la systématisation et l'analyse des informations spécifiques concernant les faits, les menaces, les risques et les conflits qui affectent la sécurité extérieure et intérieure de la nation. » 2. *Contre-espionnage :* « Activité relevant du domaine du renseignement qui est réalisée dans le but d'empêcher des activités de renseignement d'acteurs représentant des menaces ou des risques pour la sécurité de l'État national. » 3. *Renseignement criminel* : « Partie du renseignement relative aux activités criminelles spécifiques qui, par leur nature, leur ampleur, les conséquences prévisibles, le danger ou les modalités, affectent la

---

[1] *Ibid.*.

[2] Par laquelle sont prises des normes pour renforcer le cadre juridique qui permette les organismes qui mènent à bien des activités de renseignement et de contre-espionnage pour remplir leur mission constitutionnelle et légale, et sont prises d'autres dispositions.

liberté, la vie, les biens des citoyens, leurs droits et leurs garanties et les institutions de système représentatif, républicain et fédéral établi par la Constitution nationale. »

Au Chili, les activités de renseignement sont encadrées par la loi 19 974 de 2004, qui les définit ainsi :

> a) Renseignement : le processus systématique de collecte, d'évaluation et d'analyse des informations, qui vise à produire des connaissances utiles pour la prise de décisions. b) Contre-espionnage : cette partie de l'activité de renseignement dont le but est de détecter, localiser et neutraliser les actions de renseignement menées par d'autres États ou par des individus, des organisations étrangères ou des groupes, ou par leurs agents locaux, dirigées contre la sécurité de l'État et la défense nationale.

Au Pérou, le Système national de renseignement fait l'objet des articles 44, 164 et 118 § 4 de la Constitution, et se donne comme objectif de « fournir en temps opportun, par l'organe directeur du Système de renseignement national SINA, au président de la République et au Conseil des ministres, les connaissances utiles, obtenues par le traitement de l'information sur les menaces et les risques actuels et potentiels, qui peuvent affecter la sécurité nationale et l'ordre constitutionnel de la République ». La Constitution péruvienne prévoit également que cette activité devrait respecter les principes de légalité, de légitimité, de contrôle démocratique, de pertinence, d'entrave à la circulation, de spécialité et de planification.

En Espagne, le renseignement est une institution d'appui aux fonctions gouvernementales et est considéré comme crucial pour la défense de la démocratie et de l'unité de l'État, de sorte que ce pays a un quartier général exclusif de renseignement[1] et peut compter sur l'aide d'autres organes similaires, européens, asiatiques et africains. Cette activité est régie par les principes de soumission à la loi, de contrôle parlementaire et judiciaire,

---

[1] La loi 11 de 2002 crée le *Centro Nacional de Inteligencia* (CNI) (NdT : Centre national du renseignement) en tant qu'organisme au service du président du Gouvernement chargé de collecter les données qui « permettent de prévenir et d'éviter tout danger, menace ou agression contre l'indépendance ou l'intégrité territoriale de l'Espagne, les intérêts nationaux et la stabilité de l'État de droit et de ses institutions ».

d'efficacité, de spécialisation et de coordination, conformément aux objectifs de renseignement définis par le gouvernement.

Le Royaume-Uni a le service de renseignements le plus ancien d'Europe et se caractérise par la distinction entre la sécurité intérieure et les tâches de renseignement à l'étranger. Il a également mis en place un modèle de recrutement des diplômés d'Oxford et de Cambridge, et il a développé la cryptographie pour les services de communications à l'intérieur et pour démasquer les services étrangers. Bien que le système constitutionnel britannique soit fondé sur le principe de « souveraineté du parlement », en principe les affaires étrangères relèvent de la compétence exclusive de la Couronne (le monarque et son cabinet). Son encadrement juridique n'est pas exclusif, de telle sorte qu'une large place est conservée à la coutume. La fonction essentielle du renseignement consiste ici à présenter des rapports au Premier ministre. Le système britannique se caractérise par l'obligation de discrétion et de confidentialité qui s'imposent aux fonctionnaires engagés dans cette activité. Dans ce système, l'interception des communications est autorisée lorsque cela est nécessaire pour atteindre des buts comme la protection de l'intérêt de la sécurité nationale, la prévention ou la détection de graves délits et la sauvegarde du développement économique du Royaume-Uni.

Comme on peut le voir, il y a, en droit comparé, un traitement similaire des services de renseignement et un intérêt particulier à la réglementation des compétences de base ou ordinaires des forces armées dans ce domaine, en raison de la reconnaissance de l'importance de ce travail pour la sécurité des États.

Dans le système juridique colombien, on a également souligné l'importance de la réserve comme exception au principe de publicité de l'information provenant de la fonction de renseignement de l'État. La Cour constitutionnelle, dans son jugement C-913 de 2010, a déclaré que la réserve « ou secret des informations recueillies et des décisions qu'elle sous-tend » est inhérente à l'activité de renseignements, car elle reconnaît que « la libre circulation et la connaissance publique de celles-ci pourraient faire échouer ces opérations et les objectifs poursuivis[1] ». En outre, dans le jugement T-066 de 1998, la Cour a expliqué que les agences de sécurité sont autorisées à recueillir et à conserver des informations sur les personnes, mais qu'il ne s'agit pas d'un pouvoir illimité, de telle sorte que, dans l'exercice de ces activités de collecte et de conservation d'informations, elles doivent respecter les droits de l'homme et les règles de procédure. Ces limites ont été expliquées en détail dans le jugement T-525 de 1992, dans lequel il a été établi qu'il est possible que les agences de sécurité effectuent des recherches et recueillent des informations sur les personnes, à condition qu'elles ne portent pas atteinte aux « droits fondamentaux tels que la vie privée, la réputation et l'honneur des personnes (...) [et qu'elles respectent] les règles strictes imposées par le principe de réserve[2] ».

En outre, la Cour a noté que, même si les agences de sécurité doivent maintenir la plus stricte confidentialité des données[3],

> la confidentialité des documents publics dans un État démocratique ne peut pas être absolue, étant donné que le principe de la publicité des actions des autorités est le principe et la réserve l'exception ; par conséquent, l'opérateur juridique doit apprécier, non seulement si une règle juridique autorise la confidentialité du document, mais aussi quels sont les droits, principes et valeurs constitutionnels qui sont affectés par la restriction puisque doivent prévaloir, dans certaines occasions, les droits, valeurs et principes qui motivent la confidentialité des informations, et dans d'autres, ceux qui s'y opposent. Ainsi, en pondérant les intérêts en jeu, il se peut que la confidentialité d'un document doive prévaloir sur le droit à l'information, mais qu'elle doive respecter d'autres droits comme les droits de la défense et d'accès à la justice, lesquels, à première vue, ont une importance majeure dans les sociétés démocratiques modernes[4].

---

[1] Cour constitutionnelle, sentence C-913 de 2010, M.P. Nilson Pinilla Pinilla.
[2] Cour constitutionnelle, sentence T-525 de 1992, M.P. Ciro Angarita Barón.
[3] Cour constitutionnelle, sentence T-066 de 1998, M.P. Eduardo Cifuentes Muñoz.
[4] Cour constitutionnelle, sentence C-491 de 2007, M.P. Jaime Córdoba Triviño.

Chapitre II

Les limites constitutionnelles à l'exercice des fonctions des forces armées

Carlos Bernal Pulido

La Cour constitutionnelle a reconnu que les fonctions des forces militaires « ne sont pas absolues[1] ». Elles ont certaines limites. Les plus représentatives sont les suivantes :

1. La soumission à la direction présidentielle[2]. Conformément à la Constitution, les forces militaires sont subordonnées au pouvoir civil et sont soumises à l'autorité du président de la République (article 189 de la Constitution)[3].

2. La proportionnalité dans l'exercice de l'usage de la force et dans la restriction des droits de l'homme. Cette fonction a été développée surtout par la jurisprudence interaméricaine des droits de l'homme, selon laquelle, les forces militaires doivent s'assurer que leurs actions remplissent des exigences de « proportionnalité stricte de la restriction » des droits de l'homme, de telle sorte que de telles restrictions soient effectuées conformément aux « critères stricts de caractère exceptionnel et avec une diligence due à la sauvegarde des garanties conventionnelles » [c'est-à-dire des garanties qui découlent de la Convention américaine sur des droits de l'homme][4].

---

[1] Cour constitutionnelle, sentence C-251 de 2002, M.P. Eduardo Montealegre Lynett et Clara Inés Vargas Hernández.
[2] *Ibid.*
[3] *Ibid.*
[4] *Cf.* Cour interaméricaine des droits de l'homme, *Cabrera García et Montiel Flores c. Mexique,* arrêt du 26 novembre 2010, p. 89.

3. De même, la jurisprudence interaméricaine a souligné l'importance de différencier les fonctions des forces militaires des fonctions civiles que remplit la police. En ce sens, la Commission interaméricaine des droits de l'homme a recommandé aux États membres du Système de délimiter le rôle des forces armées et de sécurité dans le contexte de l'État de droit, pour éviter qu'elles ne suppléent la police nationale dans sa tâche. Ladite Commission a suggéré que « les forces armées ne soient pas employées dans la tâche de faire respecter la loi », en particulier dans des domaines tels que la recherche de crimes de droit commun et l'application des peines « qui, par leur spécialité, leur complexité et leur contact avec la société, doivent relever de la responsabilité d'un corps policier dûment formé et spécialement respectueux du droit[1] ».

Dans notre droit, l'absence de compétence des forces militaires pour exercer des activités de police judiciaire ne fait aucun doute. Elle est spécifiée par l'interdiction contenue dans l'article 250 n° 3 de la Constitution, selon lequel en aucun cas, ni même durant les régimes d'exception, les militaires ne peuvent enquêter sur les civils. La Cour constitutionnelle a soutenu qu'

> en aucun cas la loi ne peut attribuer des activités de police judiciaire aux forces militaires, en vertu de l'article 250 n° 3 de la Constitution ; le Procureur général ne peut non plus, en invoquant la possibilité prévue par l'article 251 n° 4 de la Constitution, octroyer temporairement ces attributions aux militaires, puisque la prohibition constitutionnelle est définitive : en aucun cas, ni même durant les régimes d'exception, les militaires ne peuvent enquêter sur les civils (article 213 de la Constitution)[2].
>
> Pour la Cour constitutionnelle, cette interdiction est fondée sur le fait que « l'octroi de fonctions de police judiciaire aux membres des forces militaires rompt la dépendance fonctionnelle entre ceux qui réalisent ces travaux et le Procureur. Même l'intégration de militaires dans des unités de police judiciaire

[1] Rapport annuel de la Commission des droits de l'homme (1998) OEA/Ser.L/V/ii.102, 16 avril 1999, chap. VII, § 1, http://www.cidh.org/annualrep/98span/Capitulo%207.htm (consulté le 26 octobre 2015).
[2] Cour constitutionnelle, sentence C-251 de 2002, M.P. Eduardo Montealegre Lynett et Clara Inés Vargas Hernández.

> équivaut à une intromission de l'administration dans la fonction juridictionnelle... Ceci génère un dysfonctionnement inconstitutionnel puisque les forces militaires présentent un caractère strictement hiérarchisé et adoptent une discipline rigide en face des ordres supérieurs. C'est pourquoi leur régime propre et le contexte historique dans lequel elles agissent ne se concilient pas avec l'indépendance et l'impartialité inhérentes à la police judiciaire, attributs caractéristiques de la fonction juridictionnelle qu'elles servent[1].

De même, la Commission interaméricaine a recommandé que les forces militaires ne soient pas employées à l'application de la loi « en particulier aux tâches telles que l'enquête sur des crimes de droit commun et l'exécution des peines » puisque « de par leur spécialité, leur complexité et leur contact avec la société, elles doivent relever d'un corps policier dûment instruit et particulièrement respectueux du droit[2] », position que partage aussi le Comité des droits de l'homme des Nations unies[3].

4. La soumission au principe de précaution dans l'action militaire. « Le principe de précaution est une norme coutumière de droit international humanitaire, et par son caractère fondamental, il jouit de plus du rang de norme de *ius cogens*, dans ce cas directement lié à la nature de *ius cogens* du principe de distinction, duquel découle directement le principe de précaution, destiné à préserver des valeurs essentielles identiques. En ce sens, l'Assemblée générale des Nations unies a affirmé, comme l'un des principes fondamentaux pour la protection des populations civiles dans les conflits armés, que « dans la conduite d'opérations militaires, tout ce qui est possible sera fait pour protéger les populations civiles des ravages de la guerre et toutes les précautions nécessaires seront prises pour éviter que les populations civiles subissent des blessures, des pertes ou des dommages[4] ».

---

[1] *Ibid.*

[2] *Cf.* Rapport annuel de la Commission interaméricaine des droits de l'homme de 1997.

[3] *Cf.* Comité des droits de l'homme des Nations unies, observations finales, 5 mai 1997.

[4] *Cf.* Assemblée générale des Nations unies, Résolution 2675 de 1970 sur les principes fondamentaux touchant la protection des populations civiles en période de conflit armé.

Selon la Cour constitutionnelle, le principe de précaution se traduit par des règles spécifiques distinctes, qui sont également coutumières, et par une application nécessaire dans les conflits armés internes. Parmi les règles les plus importantes découlant de ce principe figurent :

(i) l'obligation des parties au conflit de faire tout le possible pour vérifier que les objectifs qu'elles vont attaquer sont des objectifs militaires[1], (ii) l'obligation des parties au conflit de prendre toutes les précautions possibles après avoir choisi les moyens et les méthodes de guerre qu'elles vont employer, pour éviter ou minimiser le nombre de morts, de blessés et de dommages matériels causés de façon incidente à la population civile[2] et protéger les civils des effets des attaques[3], (iii) l'obligation des parties au conflit d'avertir dans la mesure où les circonstances le permettent, avec l'anticipation due et par des moyens effectifs, de toute attaque qui pourrait affecter la population civile[4], (iv) le devoir d'opter, quand on pourra choisir entre les objectifs militaires qui représentent un avantage similaire, pour celui dont l'attaque représente un moindre dan-

---

[1] *Cf.* la systématisation des normes coutumières de droit international humanitaire réalisée par le Comité international de la Croix-rouge, norme 16 : « Chaque partie au conflit doit faire tout ce qui est pratiquement possible pour vérifier que les objectifs à attaquer sont des objectifs militaires. » Cette norme est applicable aux conflits armés internationaux et non internationaux.

[2] *Cf.* la systématisation des normes coutumières de droit international humanitaire réalisée par le Comité international de la Croix-rouge, norme 17 : « Chaque partie au conflit doit prendre toutes les précautions pratiquement possibles quant au choix des moyens et méthodes de guerre en vue d'éviter et, en tout cas, de réduire au minimum les pertes en vies humaines dans la population civile, les blessures aux personnes civiles et les dommages aux biens de caractère civil qui pourraient être causés incidemment. »

[3] *Cf.* la systématisation des normes coutumières de droit international humanitaire réalisée par le Comité international de la Croix-rouge, norme 22 : « Les parties au conflit doivent prendre toutes les précautions possibles en pratique pour protéger contre les effets des attaques la population civile et les biens de caractère civil soumis à leur autorité. » Cette norme est applicable aux conflits armés internationaux et non internationaux.

[4] *Cf.* la systématisation des normes coutumières de droit international humanitaire réalisée par le Comité international de la Croix-rouge, norme 20 : « Chaque partie au conflit doit, dans le cas d'attaques pouvant affecter la population civile, donner un avertissement en temps utile et par des moyens efficaces, à moins que les circonstances ne le permettent pas. » Cette norme est applicable aux conflits armés internationaux et non internationaux.

ger pour les personnes et des biens civils[1], (v) l'obligation des parties au conflit de retirer la population civile, le plus largement possible, du voisinage des objectifs militaires[2], et (vi) le devoir d'éviter de placer des objectifs militaires dans ou près de zones densément peuplées[3]. L'inaccomplissement de ces obligations par l'une des parties[4], n'exempte pas les autres de s'acquitter de leurs propres devoirs selon le principe de distinction[5].

5. Enfin, dans notre régime constitutionnel, les forces militaires manquent d'une nature délibérante, et leurs membres ne sont pas titulaires de droits politiques.

Certaines de ces limitations ont été affirmées et renforcées au vu de la situation de conflit constant que vit la Colombie[6]. Le Comité des droits de l'homme des Nations unies lui-même a manifesté sa préoccupation du fait que des membres des forces

---

[1] *Cf.* la systématisation des normes coutumières de droit international humanitaire réalisée par le Comité international de la Croix-rouge, norme 21 : « Lorsque le choix est possible entre plusieurs objectifs militaires pour obtenir un avantage militaire équivalent, ce choix doit porter sur l'objectif dont on peut penser que l'attaque présente le moins de danger pour les personnes civiles ou pour les biens de caractère civil. » Cette norme est applicable aux conflits armés internationaux et non internationaux.

[2] Selon le Tribunal pénal international pour l'ex-Yougoslavie, « Les parties en conflit sont dans l'obligation de retirer les civils le plus possible du voisinage d'objectifs militaires » (affaire *Procureur c/ Stanislav Galic*, jugement du 5 décembre 2003).

[3] Selon le Tribunal pénal international pour l'ex-Yougoslavie, « les parties à un conflit sont tenues, dans toute la mesure de ce qui est pratiquement possible, d'éloigner du voisinage des objectifs militaires la population civile, et d'éviter de placer des objectifs militaires à l'intérieur ou à proximité des zones fortement peuplées ». Affaire Procureur c/ Stanislav Galic, jugement du 5 décembre 2003 (consultable à l'adresse http://www.icty.org/x/cases/galic/tjug/fr/gal-tj031205f.pdf).

[4] Selon les termes employés par le Tribunal pénal international pour l'exYougoslavie, « le manquement d'une partie à cette obligation ne dispense pas l'assaillant de respecter les principes de distinction et de proportionnalité lorsqu'il lance une attaque ». *Affaire Procureur c/ Stanislav Gali*, jugement du 5 décembre 2003 (consultable à l'adresse http://www.icty.org/x/cases/galic/tjug/fr/gal-tj031205f.pdf).

[5] *Cf.* Cour constitutionnelle, sentence C-291 de 2007, M.P. Manuel José Cepeda Espinosa.

[6] *Cf.* Comité des droits de l'homme des Nations unies, *Observations finales : Colombie*, 5 mai 1997.

militaires se livrent à des recherches, des arrestations, des détentions et des interrogatoires de civils[1]. Dans le même sens, la Cour interaméricaine des droits de l'homme a remarqué que quand « les forces armées immergées dans le combat contre les groupes d'insurgés sont préposées au jugement des personnes liées auxdits groupes (…) », l'impartialité que le juge doit avoir se trouve considérablement affectée. La Cour interaméricaine a considéré que l'exercice de ces fonctions par les forces militaires constituait une violation de l'article 8 de la Convention interaméricaine des droits de l'homme et des garanties judiciaires que celle-ci consacre, puisque l'attribut d'impartialité exige que le procès ne soit pas affecté par les personnes qui ont un intérêt ou une relation personnelle avec l'affaire. Pour la Cour, il est évident que les militaires ne jouissent pas de l'impartialité exigée par la Constitution et les pactes de droits de l'homme quand ils se livrent à des enquêtes pénales sur leurs ennemis dans un conflit armé[2].

Il est pleinement justifié que certaines de ces limitations imposées aux forces militaires soient maintenues durant les périodes de justice transitionnelle et post-conflictuelles. Parmi celles-ci figurent la soumission des forces militaires à l'autorité présidentielle, l'absence de compétences pour exercer des activités de police judiciaire et la soumission aux principes de proportionnalité et de précaution. Cependant, il y en a d'autres dont on peut douter du caractère acceptable et raisonnable durant les périodes post-conflictuelles.

Nous allons maintenant nous livrer à une analyse des changements de structures et de fonctions que les forces militaires devraient subir après la mise en œuvre des accords de paix.

---

[1] *Ibid.*

[2] Cour constitutionnelle, sentence C-251 de 2002, M.P. Eduardo Montealegre Lynett et Clara Inés Vargas Hernández.

Chapitre III

La structure de la force publique et les fonctions des forces militaires en période post-conflictuelle

Magdalena Correa Henao

Dans un scénario de paix avec la guérilla, quel impact doit avoir l'accord de paix sur la forme et les principes qui régissent la fonction constitutionnelle de la force publique ? Sera-t-il nécessaire de revoir la structure qui fait la distinction entre les forces armées et les forces de police, en tant qu'élément de réforme que nécessite le processus de justice transitionnelle et d'adaptation institutionnelle vers l'après-conflit ? Faute d'une confrontation armée et d'hostilités avec les FARC, le plus nombreux groupe armé illégal qui agit en Colombie, les forces militaires sont-elles appelées à disparaître, ou à être largement amoindries quant à l'importance numérique de ses troupes et à sa capacité d'action, celles-ci n'étant plus utiles pour la vie civile où la police nationale suffit pour maintenir les conditions de l'ordre public nécessaires pour la cohabitation pacifique qu'impose la Constitution ? Telles sont quelques-unes des nombreuses questions qu'il convient de se poser au sujet des forces armées, de leur avenir et de leurs fonctions en tant qu'institutions de la force publique, dans ce nouveau contexte politique, social et économique espéré dans la période postconflictuelle de la Colombie en paix.

Pour répondre à ces questions, il convient tout d'abord de faire le point sur la situation présente, et d'envisager notamment la structure de la force publique colombienne et ses spécificités en tant qu'élément organique de la Constitution. Nous serons amenés à souligner la distinction établie entre les forces armées et la police nationale, ainsi que les éléments qui leur sont communs et qui sont aussi le reflet caractéristique de leur fonctionnement. Cette description servira à définir ce qui, dans cette construction juridique, doit être réformé pour adapter la force publique aux défis de la transition et de l'après-conflit.

En deuxième lieu, et afin de disposer des paramètres d'évaluation, nous reprendrons brièvement les enseignements qu'offre le droit comparé en Amérique latine en ce qui concerne la structure et les fonctions de la force publique comme outil constitutionnel pour organiser sur le plan institutionnel l'exercice légitime de la force par l'État. Dans ce but, nous adopterons une approche générale, puis spécifique à quatre États de la région qui ont connu des transitions vers la paix et la normalité publiques à partir des dictatures et des conflits armés.

Dans un troisième temps, nous reprendrons la notion de postconflit pour relever les éléments indispensables qui, au sein de celle-ci, doivent être pris en considération, pour finir par une approche indicative des caractéristiques du postconflit colombien qui doivent être prises en compte.

Enfin, dans un quatrième temps, nous présenterons l'image que donne le Secteur défense et sécurité de la transformation des forces armées qui a déjà commencé et qui se prolonge dans l'avenir pour remplir les buts principaux de sa charge durant la transition et l'après-conflit.

Sur le fondement des précédents critères d'analyse, nous verrons dans le cinquième point les ajustements et les transformations qui doivent être réalisés sur la structure de la force publique et sur les fonctions des forces militaires pour la réalisation de leur fonction constitutionnelle dans l'État social de droit en paix, en période transitionnelle et postconflictuelle. Ces ajustements proposés seront remis en cause par l'interprétation raisonnée qui conduit à estimer que, pour relever les défis qui se présentent, il n'est pas justifié sur le plan constitutionnel d'éliminer la double inconstitutionnalité qu'imposent la force publique et l'assignation de fonctions en principe séparées pour les forces militaires et pour la police, mais que si l'adéquation des fonctions exercées par les forces militaires aux conditions du changement politique et social dans lequel elles doivent opérer, à partir de l'adéquation des règles, des contrôles et des objectifs ultimes à viser. Seules seront proportionnelles les modifications des forces militaires qui permettent de mieux s'acquitter des mandats, des fonctions et des limites constitutionnelles établies comme indispensables pour soutenir un État démocratique de droit, en fonction de ce que requièrent les nouvelles menaces et les missions dictées par la construction de la paix.

Le cadre juridique

L'article 216 de la Constitution établit que « la force publique sera exercée exclusivement par les forces militaires et la police nationale ». Cette double composition est consolidée par la définition de natures et de fonctions distinctes, ainsi que par des éléments communs.

Des forces différenciées

Les forces armées, composées, selon l'article 217, de l'armée de terre, de l'armée de l'air et de la marine nationale, sont responsables des fonctions de défense de la souveraineté, de l'indépendance, de l'intégrité territoriale et de l'ordre constitutionnel. Elles sont aussi, selon l'article 27 du décret 1512 de 2000[1], des « organisations permanentes instruites et disciplinées conformément à la technique militaire », dont le commandement (article 28) « est confié au président de la République, qui l'exerce directement ou par l'intermédiaire du ministre de la Défense nationale, grâce au commandant général des forces armées qui, à son tour, l'exerce sur les forces ».

Pour sa part, la police nationale, selon l'article 218 de la Constitution, « est un corps armé, permanent, de nature civile », dont la mission « est de contribuer au maintien des conditions nécessaires pour l'exercice des droits et des libertés publiques, et pour assurer aux habitants de la Colombie une coexistence

---

[1] Disposition prise en application de l'article 189 alinéa 16 de la Constitution et des règles prévues à l'article 54 de la loi 489 de 1998. Actuellement, certaines dispositions de ce décret sont reprises par le décret réglementaire relatif à l'administration de la défense.

pacifique ». À cet égard, le décret 1512 de 2000, dans son article 33, précise qu'une telle mission est remplie pour satisfaire « les nécessités de sécurité et de tranquillité publique, par un service efficace, fondé sur la prévention, l'enquête et le contrôle sur les crimes et les délits, générant une culture de solidarité qui permette le maintien des conditions nécessaires de telle sorte que les habitants de la Colombie puissent exercer les droits et les libertés publiques ». Et en ce qui concerne le commandement, l'article 34 dispose qu'il « (...) relève du président de la République, qui l'exerce directement ou par l'intermédiaire du ministre de la Défense nationale. Le ministre de la Défense nationale exerce, par l'intermédiaire du directeur général, les fonctions de direction, d'organisation, d'administration, d'inspection et de surveillance de la police nationale ».

Dans cette structure duale apparaissent clairement deux types de force armée avec des natures et des fonctions distinctes : les forces militaires, comme institutions de caractère militaire soumises à un régime de discipline stricte, qui limite strictement les marges de décision de l'agent et remet en cause les règles générales de la responsabilité pour attribuer cette dernière en principe au supérieur hiérarchique du donneur d'ordre[1], et la police nationale, en tant institution de caractère civil chargée de la sécurité intérieure nécessaire pour l'exercice des droits, des devoirs et des libertés des personnes, et sur laquelle doivent, en principe, s'appliquer les règles communes de soumission au principe de légalité et de responsabilité individuelle de leurs actes. Selon la Cour constitutionnelle, « "l'absence, en son sein, de discipline militaire", fait que la responsabilité de ses membres "pour violation manifeste d'un précepte constitutionnel au détriment d'une personne, ne peut être couverte par le devoir d'obéissance, car ils ne sont pas soumis à celle-ci (article 91 de la Constitution, nous soulignons)[2] ».

---

[1] Selon Wilson Herrera Llanos, de par leur nature conflictuelle, elles ont besoin de la « rigueur de corps qui impose à leurs membres un respect absolu de l'ordre supérieur ». *Cf.* « La rama ejecutiva del poder público », *Revista de Derecho, Universidad del Norte*, n° 21, 2004, p. 271.

[2] *Cf.* Cour constitutionnelle, sentence C- 444 de 1995, M.P. Carlos Gaviria Díaz, réitérée par les sentences C-1214 de 2001, M.P. Clara Inés Vargas

Pour cette raison, après avoir étudié, dans la sentence C-421 de 2002, le traitement différencié des causes de relèvement des fonctions fixées par la loi, plus sévères pour les membres de la police que pour ceux des forces militaires, la Cour constitutionnelle a estimé qu'il était constitutionnel, puisqu'elles sont des institutions distinctes, qu'elles puissent être soumises à « des traitements juridiques différenciés chaque fois qu'ils sont justifiés en termes de légitimité constitutionnelle, de nécessité, de pertinence et de proportionnalité ». De telles conditions étaient remplies dans la mesure où la police est plus directement en contact avec les citoyens et, pour cette raison, il était nécessaire de pousser au maximum les mesures tendant à les protéger des abus de l'autorité policière[1].

Hernández, C-421 de 2002, M.P. Álvaro Tafur Galvis, C-179 de 2007, M.P. Clara Inés Vargas Hernández. La première précisait alors, au sujet de la police : « a. La mission de la police est éminemment préventive et consiste à éviter que l'ordre public soit altéré. b. Le policier est un fonctionnaire civil, qui choisit volontairement sa profession. c. Les membres des forces de police sont soumis au pouvoir disciplinaire et d'instruction qui correspond légalement au fonctionnaire civil placé comme supérieur hiérarchique. » Et dans une sentence de tutelle T-1206 de 2001, M.P. Rodrigo Escobar Gil, relative au problème de la violation des droits fondamentaux par la situation des postes de police dans les villages, avec le danger que cela représente pour la population civile dans des zones de conflit, la Cour a relevé, comme caractéristiques de la fonction de la police : « La nature préventive de sa fonction implique que la force de police doit avoir la capacité de réagir rapidement pour contrecarrer des situations qui, en s'étendant, compromettent l'exercice des droits et des liberté ou menacent la cohabitation pacifique. En effet, la fonction que remplit la police consiste principalement à surveiller et à contrôler des groupes humains, ce qui rend indispensable que la situation de ses postes dans les villes et les municipalités soit stratégiquement envisagée dans un tel but. »

[1] La sentence déclare en effet : « La Corporation constate qu'avec la disposition envisagée, le législateur, sur le fondement des formulations constitutionnelles, a pris en compte le caractère civil du personnel de police et le but poursuivi, y compris la détention pour des délits dolosifs comme cause de cessation de la carrière dans la Police nationale, et n'a pas fait de même pour les forces armées, en raison de la nécessité d'exiger une plus grande droiture dans le comportement des membres de la police étant donnée leur mission de maintien, au sein de la société civile, des conditions nécessaires à l'exercice des droits fondamentaux et à la cohabitation pacifique (article 218 de la Constitution). À ce sujet, on doit tenir compte du fait que le travail de la police est essentiellement préventif et implique un contact plus direct avec les citoyens, ce qui oblige à pousser à l'extrême les mesures tendant à protéger la popula-

La différence des institutions est réelle bien que le législateur en ait confié la direction à un ministère commun, le ministère de la Défense, une organisation que la Cour constitutionnelle estime recevable, dans sa sentence C-453 de 1994, notamment en raison du « principe de la séparation des fonctions et des organes », car confier la direction de la police au ministère de la Défense ne signifie pas une remise en cause de la « séparation fonctionnelle » entre le civil et le militaire, qui agissent sous un commandement unique mais en étant soumis à des hiérarchies distinctes et en exerçant des fonctions spécifiques, dans la mesure où il n'existe pas « une subordination de la police à la défense », et que « la direction civile de la police n'est en rien affectée ».

Or, au-delà des fonctions juridiques confiées à chacune des forces militaires et de police, la différence principale de leur action s'apprécie dans la façon de remplir la fonction constitutionnelle de la force publique. Les forces militaires sont chargées d'une fonction défensive, offensive et, dans ce cas, dissuasive par la menace effective d'une atteinte à la souveraineté, à l'indépendance, à l'intégrité du territoire et à l'ordre constitutionnel, comme attributs qui préservent l'État. La police, en revanche, comme l'a observé la Cour constitutionnelle, « est éminemment préventive mais pas répressive, sauf quand elle agit comme collaboratrice des autorités judiciaires dans

---

tion civile. De même, il n'échappe pas à la Cour que le législateur extraordinaire a la volonté de rendre plus exigentes les conditions de permanence de la police nationale dans le cadre de la politique de moralisation de l'institution, soumise ces dernières années à un processus complexe de restructuration à l'intérieur duquel elles figurent comme faisant partie de ses voies principales pour restaurer la confiance des citoyens dans l'institution et renforcer l'engagement éthique de ses membres. Pour la Cour, ces objectifs, qui semblent pleinement compatibles avec la Constitution (articles 2, 209 et 218 de la Constitution), trouvent dans la norme mise en cause un instrument clair de réalisation, étant donné que celle-ci impose effectivement un plus haut niveau d'exigence au personnel de police, ce qui limite les risques de corruption, alors qu'elle protège les citoyens à son contact. L'expression contestée exprime donc une volonté évidente du législateur extraordinaire de renforcer et de consolider le processus de modernisation de l'une des institutions les plus importantes pour le maintien de la coexistence et la garantie du libre exercice des droits et des libertés publiques qui ne peut être ignoré par cette Corporation. »

l'exercice de la fonction de police judiciaire », chargée de maintenir « les conditions nécessaires pour l'exercice des droits et des libertés publiques, et pour garantir la coexistence pacifique des habitants de la Colombie (article 218 de la Constitution[1] ».

Ainsi, dans des conditions normales, l'usage préventif de la force publique doit être préféré, étant donné « l'énorme capacité destructrice du pouvoir militaire et sa connotation invasive ou défensive de territoires ou d'institutions, [qui] fait de lui un pouvoir inadéquat pour le maintien de la sécurité quotidienne du citoyen[2] ». On doit préférer le pouvoir judiciaire, dont le caractère et « la relative faiblesse de son pouvoir de guerre » lui donnent « de meilleures conditions pour protéger la liberté des citoyens[3] ».

Les éléments communs et les zones d'ombre

La clarté de la distinction conceptuelle entre les forces militaires et la police ne doit pas occulter les nombreux éléments communs que partagent les deux institutions.

Les deux n'ont pas de pouvoir délibérant[4], n'ont pas le droit mais l'obligation de se réunir sur ordre de l'autorité légitime, ne peuvent pas faire de pétitions sur des objets ayant trait au service, n'ont pas le droit de vote ou celui d'intervenir dans les débats de partis ou de mouvements politiques (articles 219 et 127 de la Constitution)[5]). Elles ont également en commun, pour les membres des deux forces, des garanties spécifiques comme le droit à ce qu'ils « ne puissent pas être privés de leurs

---

[1] *Cf.* Cour constitutionnelle, sentence C-024 de 1994, M.P. Alejandro Martínez Caballero.

[2] *Cf.* Cour constitutionnelle, sentence C-421 de 2002, M.P. Álvaro Tafur Galvis.

[3] *Cf.* Cour constitutionnelle, sentence C-453 de 1994, M.P. Eduardo Cifuentes Muñoz.

[4] Ce qui commence à faire l'objet de critiques.

[5] L'article 127 alinéa 2 découle de la modification introduite par l'article 1er de l'acte législatif 2 de 2004 qui, au sujet du régime constitutionnel des incapacités et des incompatibilités des services publics, rappelle que « les limites prévues par l'article 219 de la Constitution s'appliquent aux membres de la force publique en service actif ».

grades, honneurs et pensions, sauf dans les cas et selon les modalités déterminés par la loi » (article 220 de la Constitution), en plus de l'obligation de tenir compte des « systèmes de promotion professionnelle, culturelle et sociale » prévus par la loi (article 222 de la Constitution)[1].

À cela s'ajoute, non seulement la différence importante liée à la responsabilité des militaires par rapport à celle des membres de la police, l'existence d'un tribunal pénal militaire (article 221 de la Constitution) dont la compétence a été progressivement étendue à la police[2], sans que la Cour constitutionnelle ait estimé que cela remettait en cause sa nature civile[3] réaffirmée par l'acte législatif n° 1 de 2015[4].

Cette proximité substantielle a été accentuée par le fait que c'est le président de la République qui est chargé de la direction

---

[1] C'est le cas, par exemple, de la couverture d'un système de défense technique et spécialisée à la charge de l'État. *Cf.* la loi L698 de 2013, déclarée exécutoire par la Cour constitutionnelle, par la sentence C-044 de 2015, M.P. María Victoria Calle Correa.

[2] Depuis son extension aux membres de la police dans la Constitution de 1991.

[3] Concernant la sentence C-444 de 1995, qui analysait l'application du privilège pénal militaire dont jouissent les membres de la police, elle considère qu'une telle construction est recevable au regard de la Constitution, à partir de la règle d'harmonisation des articles 213 sur l'état de trouble et la règle selon laquelle « en aucun cas les civiles ne pourront faire l'objet d'enquêtes ou être jugés par la justice pénale militaire », 217 sur la nature civile de la police, et 221 sur le tribunal pénal comme exception à l'unité de juridiction pour tous les membres actifs de la force publique. *Cf.* Cour constitutionnelle, sentence C-444 de 1995, M.P. Carlos Gaviria Díaz.

[4] L'article 1er de l'acte législatif signale en effet, en modifiant l'article 221 de la Constitution : « Les cours martiales et les tribunaux militaires connaîtront de la conduite répréhensible des membres de la force publique en service actif et en relation avec ledit service, selon les dispositions du Code pénal militaire. De tels cours ou tribunaux comporteront des membres de la force publique en service actif ou à la retraite. Dans la recherche et le jugement de la conduite répréhensible des membres de la force publique, liée à un conflit armé ou à un affrontement qui réunit les conditions objectives du droit international humanitaire, les normes et les principes s'appliqueront. Les juges et les procureurs de la justice ordinaire et de la justice pénale militaire ou de la police qui connaissent de la conduite des membres de la force publique devront avoir une formation et une connaissance adéquate du droit international humanitaire. La justice pénale militaire ou la police sera indépendante du commandement de la force publique. »

de la force publique et qu'il dispose de celle-ci en tant que « commandant suprême des forces armées de la République ». Il doit ainsi « préserver l'ordre public sur tout le territoire et le rétablir lorsqu'il est troublé », « diriger les opérations de guerre quand il l'estime souhaitable », ou « veiller à la sécurité extérieure de la République, en défendant l'indépendance et l'honneur de la Nation et l'inviolabilité du territoire ; déclarer la guerre avec l'autorisation du Sénat, ou la faire sans une telle autorisation pour répondre à une agression étrangère ; et conclure et ratifier les traités de paix, ce dont il doit immédiatement rendre compte au Congrès » (article 189 n° 3, 4, 5 et 6 de la Constitution).

On ne doit pas oublier que ces compétences du Président pourraient être interprétées en rapport avec les fonctions, soit de la police (article 218 de la Constitution), soit des forces armées (article 217 de la Constitution). En outre, en cas de trouble intérieur, présenté comme un état d'exception, les forces militaires, sur les ordres du Président, pourraient, non seulement agir « en cas de perturbation grave de l'ordre public qui porte atteinte de manière imminente à la stabilité institutionnelle, la sécurité de l'État, ou la coexistence des citoyens, et qui ne peut être conjurée par l'utilisation des attributions ordinaires des autorités de police » (article 213 de la Constitution). Cependant, les normes en question n'ont pas été comprises ainsi, l'intervention des militaires dans la vie sociale étant admise, tant en temps normal[1] qu'en temps de trouble, c'est-à-dire en période d'état d'exception[1].

---

[1] À partir du concept d'ordre public qui, selon Wilson Herrera Llanos, possède une dimension à la fois policière et militaire, habilitées par des normes constitutionnelles qui ne font pas la distinction (articles 189 et 213). La première, associée à « la conduite et [à] l'organisation, sous l'autorité de tout le monde, de relations juridiques, sociales et économiques au sein d'une communauté afin de maintenir les meilleures conditions pour une vie normale, conduite qui est assurée au moyen de la régulation, de la direction, du contrôle et de la limitation de la liberté individuelle dans la réalisation d'un développement social normal, c'est-à-dire que cet ordre s'occupe des aspects de sécurité, de tranquillité, de salubrité et de moralité publiques nécessaires pour la coexistence dans une communauté. » Il s'agit d'une force publique qui agit dans le cadre de la normalité et des conditions ordinaires d'existence au sein d'une communauté. La seconde « accorde une plus grande attention à la ques-

C'est ainsi que les deux institutions ont le devoir d'assurer la finalité essentielle de l'État de « défendre l'indépendance nationale, [de] maintenir l'intégrité territoriale et [d']assurer la coexistence pacifique et le maintien d'un ordre juste » (article 2 de la Constitution), qui réside dans la force publique, peut engager de manière séparée ou conjointe tant la police que les forces militaires (article 216 de la Constitution), un but essentiel de l'État qui facilite le rapprochement des fonctions des deux forces, en confiant au chef de l'État l'exercice d'un commandement unique par le biais d'un même ministère.

Ainsi, le décret 1512 de 2000 confie « la direction de la force publique » au président de la République, qui en dispose « directement ou par l'action du ministre de Défense nationale » (article 3) et quand il intègre dans la structure du ministère de la Défense nationale les « forces militaires » et la Direction générale de la police (article 6 n° 6 et 7), dont les objectifs et les fonctions visent à assurer les finalités constitutionnelles des deux institutions[2].

---

tion de la régularité institutionnelle quand celle-ci peut se trouver altérée ou gravement menacée, soit par des événements ou des confrontations de guerre étrangère, soit par des troubles politiques internes. Pour le maintien de cet ordre extraordinaire, la Constitution confère au Président des compétences également extraordinaires et l'application de celles-ci suppose une situation d'altération constitutionnellement irrégulière comme une guerre ou une atteinte à la stabilité institutionnelle, à la sécurité de l'État et à la coexistence des citoyens. » *Cf.* Wilson HERRERA LLANOS, « La rama ejecutiva del poder público », *op. cit.*, p. 271.

[1] En effet, en étudiant la constitutionnalité de la loi sur la défense et la sécurité, en particulier en ce qui concerne les théâtres d'opération, la Cour a estimé que, de façon générale, il revient à la force publique dans son ensemble de maintenir l'ordre public et la sécurité, conformément au principe d'exclusivité. Cela signifie que, bien que cela ne soit pas avancé par la Cour, la participation des forces armées ne se produit pas exclusivement à l'occasion de la proclamation de l'état d'exception. *Cf.* Cour constitutionnelle, sentence C- 251 de 2001, M.P. Eduardo Montealegre Lynett et Clara Inés Vargas.

[2] En ce sens, sont établies comme objectifs primordiaux du ministère de la Défense nationale « la formulation et l'adoption des politiques, des plans généraux, des programmes et des projets du Secteur administratif défense nationale, pour la défense de la souveraineté, l'indépendance et l'intégrité territoriale, ainsi que pour le maintien de l'ordre constitutionnel et la garantie de la coexistence démocratique » (article 4), et comme fonctions, à l'article 5 :

À cette configuration normative de la Constitution elle-même, il convient d'ajouter les conditions matérielles effectives dans lesquelles se déroule la vie du pays en termes d'ordre public, qui ont servi à la Cour constitutionnelle à reconnaître ce que l'on a appelé la « zone gris », entre les fonctions et le rôle qui jouent les forces militaires et celles qui relèvent de la police.

En effet, déjà, dans sa sentence C-453 de 1994, la Cour, sans méconnaître l'importance conceptuelle de la distinction entre la nature civile de la police face au caractère militaire des forces armées proprement dites, faisait remarquer que « dans la pratique, cette division conceptuelle trouve des limites découlant de l'aggravation de la violence sociale, entre autres facteurs perturbateurs du développement institutionnel ». D'où « la "zone grise" ou "frontalière" où se superposent les critères sécurité et défense », ce qui donne lieu à des phénomènes comme « la militarisation de la police – c'est-à-dire, l'emploi d'armes et d'attitudes propres à la tactique de guerre – « qui répondent à la « gravité des infractions et des menaces » existantes et à la modification du rôle de la police qui, de simplement préventive, devient défense.

Ce raisonnement a été précisé peu de temps après, par la sentence C-444 de 1995 qui notait que « la distinction souhaitable entre ces deux domaines, vitale dans un État de droit, peut être remise en cause par la nécessité de répondre à des sources de violence internes (...) », lesquelles compromettent tant l'ordre constitutionnel, dont la défense revient aux forces militaires, que les conditions de l'exercice des droits et des libertés, finalité confiée à la police[1].

« Fonctions du ministère de la Défense nationale. Le ministère de la Défense nationale aura, outre les fonctions que détermine l'article 59 de la loi 489 de 1998, les fonctions suivantes : 1. Participer à la définition, au développement et à l'exécution des politiques de défense et de sécurité nationales, pour garantir la souveraineté nationale, l'indépendance, l'intégrité territoriale et l'ordre constitutionnel, le maintien des conditions nécessaires pour l'exercice et le droit des libertés publiques, et pour assurer que les habitants de la Colombie coexistent en paix. »

[1] C'est pour cette raison, du fait de l'absence de différenciation tranchée justifiée pour des raisons tant juridiques que factuelles, qu'ont été émis des votes dissidents à la sentence C-421 de 2002, M.P. Álvaro Tafur Galvis, qui, comme nous l'avons déjà indiqué, déclare recevable un traitement différencié

L'articulation nécessaire des fonctions de la police et des forces militaires se retrouve, en outre, dans le développement d'activités de renseignement et contre-espionnage, qui sont indistinctement réglementées pour l'une et l'autre force, comme cela a été établi par la loi 1621 de 2013, sans que cela ait soulevé de doutes par la jurisprudence[1].

Pour tout cela, on parle autant de la militarisation de la police[2] et de sa spécialisation opérationnelle[3], que de l'incursion des forces militaires dans la vie civile[4], en raison du « scénario de guerre irrégulière et de lutte contre le trafic de drogues, le crime organisé et le terrorisme (...)[5] » dans lequel les deux forces ont dû opérer[6]. Une imbrication des forces armées et de

---

en ce qui concerne les causes de retrait de la police, par rapport à ce qui est prévu pour les forces militaires, considérant que cette inégalité créée par la loi n'avait pas de fondements suffisamment nets. *Cf.* le vote dissident de Marco Gerardo Monroy Cabra et Rodrigo Escobar Gil, et le vote dissident de Gerardo Monroy Cabra et Eduardo Montealegre Lynett.

[1] *Cf.* en particulier la sentence C-540 de 2012, M.P. Jorge Iván Palacio Palacio.

[2] *Cf.* Cour constitutionnelle, sentence C-453 de 1994. M.P. Eduardo Cifuentes Muñoz.

[3] La politique nationale de sécurité et de coexistence citoyenne, élaborée par le département de la Planification nationale, le ministère de la Défense et la présidence de la République identifie comme axes stratégiques de la politique nationale de sécurité la nécessité qu'à l'avenir, « en matière de police, il sera requis une plus grande couverture et un plus grand caractère opérationnel dans les zones urbaines et rurales, en augmentant les moyens de déplacement et en améliorant les temps de réponse. Des policiers plus proches du citoyen seront formés et on privilégiera les modèles de prévention des délits et des contraventions [...] mais avec renfort de sa couverture et son caractère opérationnel ». *Cf.* Departamento Nacional de Planeación, Visión Colombia II Centenario, 2019, p. 285.

[4] Cela a été précisé clairement par le département national de la planification en 2005 qui a fixé comme but en matière de sécurité le fait de donner la « priorité à la spécialisation de groupes d'élite dans la lutte contre le crime organicé intérieur, transnational et le terrorismo, et l'action coordonnée avec les forces militaires et le DAS dans un tel but ». *Ibid.*, p. 285.

[5] *Cf.* Markus SCHULTZE-KRAFT, « La cuestión militar en Colombia: la fuerza pública y los retos de la construcción de la paz », *in* Angelika RETTBERG (ed.), *Construcción de paz en Colombia*, Bogotá, Universidad de los Andes, 2014, p. 424.

[6] Pour cette raison, Alejo Vargas pense que dans le cas colombien, cette situation est vécue totalement normalement, entre autres raisons parce que la socié-

police a conduit à conclure qu'« il est plus facile d'assimiler la police nationale colombienne à la garde civile espagnole, la garde nationale des États-Unis ou la gendarmerie française, qu'à un corps de police au sens strict[1] ».

Dans le cadre du droit, il existe en effet une force publique présentant un double caractère institutionnel, l'un civil, l'autre militaire, avec des caractères qui expliquent la distinction, avec des éléments communs et des modes opératoires qui rapprochent les forces militaires des forces de police. Sur ce point, on doit s'interroger sur le fait de savoir si une telle organisation et un tel fonctionnement doivent ou non changer avec la conclusion d'un accord de paix avec la guérilla des Farc, la transition post-conflictuelle et la construction d'une paix stable et durable. Une telle décision et la fin des hostilités doivent conduire à restructurer la force publique, et à opérer des modifications substantielles dans les fonctions confiées aux forces militaires, voire à envisager sa suppression.

L'approche comparative

Trois approches de droit comparé proposent des pistes de réflexion sur les ajustements et les transformations à opérer à la force publique colombienne dans le cadre de la transition et l'après-conflit. Une première approche concerne les cas d'États de la région qui ont vécu des processus de transition, une deuxième approche générale concerne les constitutions d'Amérique latine liées au fonctionnement de la force publique, et enfin une troisième se réfère aux États qui ne disposent pas de forces armées.

---

té elle-même ne prend pas en considération le fait que le pouvoir civil doit être au sommet du pouvoir militaire. *Cf.* Alejo VARGAS VELÁSQUEZ, « The Profile of Colombian Armed Forces: A Result of the Struggle against Guerrillas, Drug-Trafficking and Terrorism », *in* David MARES et Rafael MARTINEZ (ed.), *Debating Civil-Military Relations in Latin America*, Sussex: Sussex Academic Press, 2014, p. 129 et s..

[1] *Cf.* Pablo CASAS DUPUY, « Reformas y contrarreformas en la Policía colombiana », s.m.d., p. 77, consultable à l'adresse suivante : http://pdba.georgetown.edu/Security/citizensecurity/Colombia/evaluaciones/reformasycontrarreformas.pdf (consulté le 18 octobre 2015).

Les différents processus de transition

Il convient tout d'abord de se pencher sur les cas d'États qui ont vécu des processus de transition démocratique et, dans le cadre de ceux-ci, des processus de transformation de la notion et de l'exercice de la force publique. Nous nous référerons ici à quatre expériences regroupées deux par deux : d'une part, les expériences du Chili et de l'Argentine, dans le cadre des transitions démocratiques, d'autre part, les expériences du Guatemala et du Salvador, comme exemples de transition d'un conflit interne vers la paix. Cette analyse tiendra compte du type de transition dans lequel lesdites transformations ont été opérées et de leur contexte comme critères d'évaluation indispensables pour envisager éventuellement de s'inspirer du modèle étudié.

Vers la démocratie : les cas du Chili et de l'Argentine

La doctrine a insisté sur l'importance de distinguer, d'une part, les processus de transition de la dictature à la démocratie, d'autre part, les processus de transition d'un conflit armé interne vers la paix et un fonctionnement normal des institutions. Il s'agit de contextes différents, qui donnent lieu à des transformations institutionnelles décisives dans lesquelles on envisage en de nouveaux termes l'État, son encadrement juridique et sa légitimité.

Là encore, sans abuser de la méthode comparative, il convient de prendre en compte certains des éléments descriptifs les plus évidents et la place des transformations subies par les forces armées et la police dans les transitions. Il s'agit d'envisager le fondement de la transition vers la démocratie, les conditions de cette dernière, les difficultés rencontrées, et les modifications normatives fondamentales concernant la force publique.

En ce qui concerne les causes immédiates qui ont conduit à la transition vers la démocratie, elles sont sans doute le produit de processus dans lesquels agissent des mécanismes démocratiques. Au Chili, le maintien d'une dictature imposée depuis 1971 a commencé à être remis en cause par des voies institutionnelles et des procédures prévues dans la Constitution de 1980, proclamée par la junte elle-même, en particulier dans les vingt-septième et vingt-huitième dispositions transitoires[1]. Le fait le plus significatif a été toutefois le processus électoral réalisé le 5 octobre 1988, au cours duquel on a soumis à un plébiscite la décision de maintenir ou non au pouvoir la junte dirigée par Augusto Pinochet, plébiscite qui a recueilli 55 % de votes en faveur du « Non » et par lequel les Chiliens ont finalement

---

[1] Ces dispositions prévoyaient : « ***Vingt-septième.*** Il reviendra aux commandants en chef des forces armées et au directeur général des carabiniers, titulaires, de proposer au pays, à l'unanimité, soumise à la ratification des citoyens, la personne qui occupera la charge de président de la République dans la période présidentielle suivante en se référant à la treizième disposition transitoire, laquelle devra remplir les conditions requises établies à l'article 25 alinéa premier de cette Constitution, sans que soit applicable l'interdiction d'être réélu prévue à l'alinéa 2 du même article. Dans ce but, ils se réuniront au moins quatre-vingt-dix jours avant la date de la cessation des fonctions du Président en charge. La désignation sera communiquée au président de la République, afin de convoquer un plébiscite. Si après quarante-huit heures de réunion les commandants en chef et le directeur général cités à l'alinéa précédent ne sont pas parvenus à l'unanimité, la proposition sera faite conformément aux dispositions du deuxième alinéa de la dix-septième disposition transitoire et le Conseil de sécurité nationale communiquera sa décision au président de la République, avec les mêmes effets indiqués au précédent alinéa. Le plébiscite ne devra pas avoir lieu trente jours avant ni soixante jours après la proposition correspondante et sera réalisé conformément aux dispositions de la loi. » « ***Vingt-huitième.*** Si les citoyens, par le plébiscite, manifestent leur volonté d'approuver la proposition effectuée conformément à la disposition précédente, le président de la République choisi assumera la charge le jour même où le précédent cessera ses fonctions pour la période indiquée au deuxième alinéa de l'article 25 et toutes les dispositions de la Constitution s'appliqueront selon les modalités suivantes : A. – Le président de la République, neuf mois après avoir quitté sa charge, convoquera l'élection générale des sénateurs et des députés pour composer le Congrès dans la forme prévue par la Constitution. L'élection aura lieu trente à quarante-cinq jours après la convocation et sera réalisée conformément à la loi organique. B. – Le Congrès national sera installé trois mois après la convocation aux élections. Les députés du premier Congrès demeureront trois ans en fonction. Les sénateurs choisis par les régions de nombre impair demeureront trois ans en fonction et les sénateurs choisis par les régions de nombre pair et la région métropolitaine, ainsi que les sénateurs désignés, demeureront sept ans en fonction. C. – Jusqu'à l'entrée en fonction du Congrès National, la junte de gouvernement conservera le plein exercice de ses attributions, et les dispositions transitoires qui régissent la période présidentielle à laquelle la treizième disposition se rapporte demeureront en vigueur. »

choisi la transition vers un régime démocratique[1]. Ainsi, le 5 mars 1990, Augusto Pinochet a remis le pouvoir présidentiel au président Patricio Aylwin qui a alors immédiatement engagé un processus de restructuration démocratique au sein des institutions chiliennes.

En Argentine, la transition a eu comme caractéristique la défaite militaire du gouvernement *de facto* dans la guerre des Malouines et la détérioration de la situation économique nationale. Ces deux circonstances ont suscité un climat social et politique favorable au rétablissement du système démocratique, y compris la réorganisation du système de défense nationale et de sécurité intérieure.

En raison des conditions dans lesquelles la transition a été réalisée et des difficultés concrètes rencontrées, les similitudes sont encore plus évidentes. Au Chili, le processus de transition a nécessité une période plus longue en raison des difficultés qu'a soulevées l'existence de ce que l'on a appelé les « enclaves autoritaires[2] » établies par la Constitution de 1980 elle-même en faveur des milieux militaires et de leur participation aux décisions politiques de l'État[3].

---

[1] Delegación Internacional para el Plebiscito Chileno, « La transición chilena hacia la democracia. El plebiscito presidencial de 1988 », consultable sur https://www.ndi.org/files/257_cl_transition_spa.pdf (consulté le 11 octobre 2015).

[2] *Cf.* David ALVAREZ VELOSO, « Fuerzas Armadas en Chile: entre la configuración de nuevos roles y la normalización de las relaciones cívico-militares. Informe final del concurso: El papel de las fuerzas armadas en América Latina y el Caribe », 2004, p. 2, consultable sur http://www.plataformademocratica.org/Publicacoes/23676.pdf (consulté le 11 octobre 2015).

[3] En ce sens, on avait établi l'obligation de donner le statut de sénateurs à vie aux ex-présidents qui étaient restés au mois six ans en fonctions comme le général Augusto Pinochet, et comme sénateurs désignés les anciens commandants en chef des différentes institutions qui composent les forces armées et les carabiniers (article 45 a). De même, le chapitre XI de la Constitution réglementait le Conseil de sécurité nationale (COSENA), plus haut organe consultatif du gouvernement sur les questions de sécurité nationale, composé principalement du président de la République et des commandants en chef des forces armées. Ce Conseil avait non seulement la faculté de donner son opinion sur des matières relatives à la sécurité, mais pouvait en outre opposer son veto et imposer des sanctions à des fonctionnaires qui ne fournissent pas les informations demandées par l'organisme. De même, la Constitution chilienne autorise le président de la République à désigner les commandants en chef des

En outre, avant de mettre un terme à la longue période de dictature, on a réalisé une série de réformes juridiques qui ont établi des privilèges supplémentaires pour les forces militaires. Ainsi, parallèlement à la décision populaire d'opérer une transition démocratique, a été adoptée la loi organique constitutionnelle relative aux forces armées (loi n° 18948 du 28 février 1990[1]), qui prévoit en leur faveur une série d'avantages budgétaires *ad infinitum*[2].

De même, en Argentine, la transition a connu également une stagnation car, bien que, en 1985, sous le gouvernement du président Alfonsín, on ait engagé des procédures judiciaires contre les juntes, sur le fondement du rapport *Nunca Más* de la CONADEP (Commission nationale sur la disparition de personnes, 1983), ces dernières n'ont pu être menées à terme durant presque deux décennies en vertu des lois de point final (23 492 de 1986) et d'obéissance due (23 521 de 1987)[3]. De

---

armées, lesquels demeureront en fonction durant une période de quatre ans et ne pourront pas être relevés de leur charge avant l'écoulement de leur mandat (article 93).

[1] Consultable sur http://www.leychile.cl/Navegar?idNorma=30318 (consulté le 15 octobre 2015).

[2] En effet, ladite norme établit l'obligation de ne pas allouer dans le budget annuel des montants inférieures à ceux établis en 1989, avec le devoir d'actualisation de la monnaie chaque année en ce qui concerne les dépenses de personnel et les dépenses des forces armées. De telles dépenses doivent être allouées par décret suprême et l'obligation de rendre des comptes sur les investissements réalisés doit être satisfaite par la présentation d'un certificat de bons investissements (articles 96 et 98).

[3] Il ne faut pas oublier, comme l'observe Juan Carlos Garzón Vergara, que, malgré son contenu très discutable, la loi de point final a garanti l'espace politique nécessaire pour agir dans le cadre des réformes antérieures, « lesquelles ont donné le cadre nécessaire pour commencer à organiser les nouvelles forces armées argentines, modernisées, respectueuses de la démocratie et des droits de l'homme, et employées à de nouveaux rôles internes et externes. Comme résultat dudit processus, certaines forces armées ont été consolidées dans celles qui donnent la primauté à la défense de la souveraineté et à l'indépendance de la nation argentine, à son intégrité territoriale et à sa capacité d'autodétermination, qui doit s'acquitter de plus d'une mission de soutien à la communauté, d'aide humanitaire, de recherche et de sauvetage, ainsi que d'un appui technique et scientifique notamment aux activités en Antarctique, au Service d'hydrographie navale, et au Service météorologique national, entre les autres ». *Cf.* Juan Carlos GARZÓN VERGARA, « La seguridad y las Fuerzas Armadas en América Latina y El

même, plus tard, on a mis en œuvre des réformes tendant à la modification des fonctions des forces armées (loi 18 892 de 1992), pour leur confier les fonctions classiques de la défense nationale. Toutefois, ce fut l'arrestation de Pinochet à Londres en 1998 qui produisit le détachement tant espéré des forces armées chiliennes à l'égard de l'ex-dictateur[1]. Cette circonstance a ouvert une période de profondes réformes dans les relations entre civils et militaires au Chili, en particulier dans les domaines relatifs au renouvellement de la doctrine et de la composition des forces armées[2].

En ce qui concerne la transition démocratique argentine, vu la faiblesse dans laquelle se trouvaient les forces armées dans l'opinion publique, on n'a pas douté de la nécessité de diminuer « le rôle des forces armées dans le système politique et l'économie argentine », pour restituer « au domaine armé l'essence de son existence : la défense de l'Argentine comme

---

Caribe: nuevos desafíos para la construcción de una democracia », informe final del concurso: El papel de las fuerzas armadas en América Latina y el Caribe, Programa Regional de Becas CLACSO, 2004, p. 34, consultable à l'adresse suivante : http://biblioteca.clacso.edu.ar/clacso/becas/20101115102213/garzon.pdf.

[1] *Cf.* David ÁLVAREZ VELOSO, *Fuerzas Armadas en Chile: entre la configuración de nuevos roles y la normalización de las relaciones cívico-militares*, *op. cit.*, p. 12.

[2] Selon David Álvarez Veloso, « Depuis l'arrestation de Pinochet à Londres en 1998 s'est opéré un lent désengagement des forces armées par rapport à lui, ainsi qu'un jugement public et formel de l'ex-dictateur. En 2000, l'Armée, avec à sa tête le général Izurieta, a accepté de se joindre à la table de discussion. Non seulement, par ce fait historique, pour la première fois des victimes et des coupables se sont assis pour parler des faits survenus durant la dictature, mais il a signifié pour les forces armées une reconnaissance des abus et des violations des droits de l'homme qui, pendant des années, ont été niées. Avec la nomination du général Juan Emilio Cheyre comme commandant en chef de l'armée, le processus de modernisation militaire s'est accéléré, et par certains gestes on a cherché à distinguer l'image des forces armées de la dictature militaire, ce qui se reflète dans le « plus jamais » du général Cheyre au sujet de la politique et des excès commis. Durant l'année 2004, l'armée fera encore un pas, après avoir reconnu sa responsabilité institutionnelle dans les violations des droits de l'homme – par des éclaircissements et des réinterprétations – et a soutenu avec la plus grande fermeté le rapport de la commission sur la prison et la torture, plus connue sous le nom de commission Valech. *Cf. ibid.*, p. 9.

nation[1] ». Ainsi, en vertu des réformes législatives à la fin des années quatre-vingt, les forces militaires ont été liées aux programmes de défense du territoire national, ainsi qu'à l'accompagnement d'opérations de maintien de la paix des Nations unies afin de les rapprocher d'opérations militaires réelles, et à une autre série d'activités en rapport avec la défense de la nation[2].

En ce qui concerne les modifications normatives qui ont été réalisées, dans les deux cas, les transformations de la force publique occupent une place prépondérante. Au Chili, outre les réformes préalables, la réforme constitutionnelle de 2005 a joué un rôle essentiel en amoindrissant les prérogatives institutionnelles des forces armées dans le fonctionnement de la vie de l'État. À cela, il faut ajouter une importante réforme constitutionnelle qui est entrée en vigueur en 2005 et qui a notamment introduit des limitations et une réduction des « enclaves » autoritaires du système dans la Constitution.

Selon José Manuel Martínez Sierra et Covadonga Ferrer[3], il y a un premier groupe de réformes « destinées à éliminer la présence du "pouvoir militaire" dans les pouvoirs constitués démocratiquement[4] » et un second groupe de réformes « destinées à éliminer l'influence du "pouvoir militaire" dans le système politico-constitutionnel[5] ».

---

[1] *Cf.* Juan Carlos GARZÓN VERGARA, « La seguridad y las Fuerzas Armadas en América Latina y El Caribe », *op. cit.*, p. 33.

[2] *Ibid.*, p. 34.

[3] José Manuel MARTÍNEZ SIERRA & Covadonga FERRER, *La Reforma Constitucional en Chile*, s.m.d., p. 15, http://www.uned.es/dpto-derecho-politico/Comunicacion_Martinez_Ferrer.pdf (consulté le 18 octobre 2015).

[4] Avec la suppression de leur présence au Sénat par le statut de sénateurs à vie des anciens Présidents et de sénateurs désignés des commandants en chef des différentes forces armées, les incapacités politiques temporaires pour certains hauts responsables militaires, carabiniers et policiers (article 57 alinéa 10) et l'élimination de la « faculté du Conseil de sécurité nationale de désigner quatre membres du Sénat et deux du Tribunal constitutionnel » (article 81) ; *cf. ibid.*.

[5] Où sont soulignées, nonobstant ses limites, « l'élimination de la fonction de garantie de l'inconstitutionnalité comme compétence exclusive des forces armées et des Carabiniers du Chili (article 101), devenant la compétence partagée de tous les organes de l'État (article 6 alinéa 1er) » ; « la suppression de l'inamovibilité des commandants en chef des forces armées et du général

Sur ce point, on doit également souligner la réduction du pouvoir conféré au Conseil de sécurité nationale (COSENA) qui était initialement un organe consultatif avec des pouvoirs décisionnels clairs sur la sécurité nationale (article 85 de la Constitution de 1980)[1], et est devenu un « organe consultatif sur les questions de sécurité nationale[2] » (article 95), dont les membres sont soumis à un contrôle[3]. Et une réforme fondamentale a été réalisée avec la séparation fonctionnelle permettant de spécifier que les forces armées sont chargées de la défense et de la sécurité nationale, tandis que les forces de l'ordre et de sécurité, c'est-à-dire les carabiniers et les services d'enquête sont

---

directeur des carabiniers, qui « peuvent être appelés à prendre leur retraite par décret du président de la République après information de la Chambre des députés et le Sénat (article 104 alinéa 2) ». *Cf. ibid.*.

[1] Formé de sept membres ayant droit de parole et de vote, à savoir le président de la République, le président du Sénat et le président de la Cour suprême, et les commandants en chef et en pratique inamovibles de chacune des trois composantes des forces armées ainsi que le directeur général des carabiniers, en plus de cinq ministres de l'État avec droit de parole mais pas de vote et en pratique inamovibles. Parmi ses fonctions figurent « celle de seconder le président de la République dans les matières liées à la sécurité nationale et de veiller au respect de l'ordre fondamental de la République (article 96) ; l'obligation du chef de l'État de les ententre avant de déclarer la guerre (article 32 n° 21) ; également dans la perspective de l'entrée de troupes étrangères sur le territoire de la République et pour la sortie de celui-ci de troupes nationales (article 60 n° 13 et article 96 lettre c) ; l'information en matière de fixation des contingents des forces aériennes, maritimes et terrestres ; celle de déterminer la qualification de danger de guerre étrangère, prérequis nécessaire pour permettre à la Banque centrale et aux institutions non financières publiques ou privées d'accorder des crédits à l'État (article 98) ; donner son accord pour que le président de la République prononce l'état d'assemblée, d'urgence et de catastrophe, ou applique immédiatement l'état de siège le temps que le Congrès national se prononce sur sa déclaration (article 40 n° 1, 2, 3 et 4) » ; *ibid.*.

[2] Il est ainsi dépourvu de la capacité de décision et de compétence pour « présenter » au président de la République, au Congrès national ou au Tribunal constitutionnel « son opinion » devant un fait, un acte ou una matière qui, à son avis, porte gravement atteinte aux bases des institutions ou peut gravement compromettre la sécurité nationale (…) » ; *ibid.*, p. 16.

[3] On a ainsi éliminé la disposition qui consacrait l'inamovibilité des membres de la Commisssion et l'on a établi l'obligation que les délibérations de l'organisme fussent publiques sauf si la majorité des membres en décide autrement.

chargés du maintien de la sécurité publique interne, de l'ordre et de la paix sociale (article 90 de la Constitution)[1].

Pour tous ces organismes, on dispose qu'« en tant que corps armés, ils sont essentiellement obéissants et sans pouvoir décisionnel. Les forces dépendant des ministères chargés de la Défense nationale[2] et de la Sécurité publique sont, en outre, professionnelles, hiérarchisées et disciplinées[3] ».

Cette réglementation n'a toutefois pas empêché le maintien de nombreux privilèges en faveur des forces militaires, qui n'ont été que très lentement réduits[4]. Elles jouissent d'une autonomie considérable qui se reflète dans les prévisions budgétaires annuelles du secteur défense. En effet, pour l'année 2015,

---

[1] Dans le cas du Chili, on fait la distinction entre les forces armées et les forces de l'ordre et de sécurité publique. Selon l'article 101 de la Constitution, « Les forces armées dépendant du ministère chargé de la Défense nationale sont constituées uniquement et exclusivement de l'armée de terre, de la marine nationale et des forces aériennes. Elles existent pour la défense de la patrie et sont essentielles à la sécurité nationale ». Pour leur part, « Les forces de l'ordre et de sécurité publique sont seulement formées des carabiniers et des services d'enquêtes. Elles constituent la force publique et existent pour donner une efficacité au droit, pour garantir l'ordre public et la sécurité publique intérieure, comme le déterminent les lois organiques. Elles dépendent du ministère chargé de la Sécurité publique ».

[2] Actuellement, les forces armées sont soumises au pouvoir civil représenté par le ministère de Défense qui, conformément à la loi organique du ministère de la Défense nationale (loi 20 424 de 2010), a, parmi ses fonctions principales, celles de proposer et d'évaluer les politiques de défense, militaires et d'usage des armées (article 3). Pour cela, il dispose du soutien de l'Assemblée des commandants en chef qui, à la demande du ministre, offriront leur soutien dans des matières communes aux forces armées relatives au développement et à l'emploi des moyens militaires (article 10 du Statut organique du ministère de Défense nationale, loi 20.424 de 2010) ; consultable à l'adresse : http://www.anepe.cl/gobierno_transparente/pdf/LEY%20NUEVO%20MDN.pdf (consulté le 9 octobre 2015).

[3] Article 101, consultable à l'adresse http://www.senado.cl/capitulo-xi-fuerzas-armadas-de-orden-y-seguridad-publica/prontus_senado/2012-01-16/105240.html (consulté le 18 octobre 2015).

[4] David ÁLVAREZ VELOSO, « Fuerzas Armadas en Chile: entre la configuración de nuevos roles y la normalización de las relaciones cívico-militares », Informe final del concurso: El papel de las fuerzas armadas en América Latina y el Caribe, Programa regional de Becas CLACSO, 2004, disponible à l'adresse http://biblioteca.clacso.edu.ar/clacso/becas/20101115100812/alvarez.pdf (consulté le 10 octobre 2015).

la loi de finances a prévu une dotation de 2,7 milliards de dollars[1]. Et bien que, pour l'année 2016, la proposition de loi de finances présentée par le Président Michelle Bachelet ait ramené ladite dotation à 2,351 milliards, cela demeure une somme plus que significative pour une armée qui n'est pas engagée dans un conflit ni ne doit faire face à des menaces sérieuses contre l'intégrité de son territoire.

En ce qui concerne l'Argentine, des réformes semblables ont été réalisées au cours de la première décennie du XXIe siècle, avec des mesures visant à faciliter les procès contre les crimes commis durant la dictature.

Dans le processus de restauration des institutions démocratiques, l'Argentine a introduit des réformes de fond des institutions militaires et de leurs doctrines, destinées à séparer clairement les fonctions de sécurité de celles de défense. Leur contenu s'est concentré autour de trois axes fondamentaux : (I) la sécurité interne, à la charge de la police[2] ; (II) la défense de la nation et du territoire, à la charge des forces armées[3] et (III) le renseignement, avec la participation des deux forces[4], en tant

---

[1] http://www.infodefensa.com/latam/2015/10/30/noticia-fuerzas-armadas-chile-tendran-presupuesto-millones.html (consulté le 9 octobre 2015).

[2] En effet, la loi de sécurité intérieure (24.059 de 1991) a été adoptée. Celle-ci réglemente les fonctions de la police sur le territoire fédéral et les conditions spéciales que doivent remplir les dispositions normatives ultérieures en particulier dans chacun des États de la République, conformément à la définition de la sécurité intérieure prévue, c'est-à-dire « la situation de fait fondée sur le droit dans laquelle sont défendus la liberté, la vie et le patrimoine des habitants, leurs droits et garanties et la pleine validité des institutions du système représentatif, républicain et fédéral qu'établit la Constitution nationale » (article 2) ; disponible à l'adresse http://infoleg.mecon.gov.ar/infolegInternet/anexos/0-4999/458/texact.htm (consulté le 11 octobre 2015).

[3] En ce qui concerne le deuxième, la loi de défense nationale (23.554 de 1988) reprend une définition différente de la notion de défense après avoir établi que « La défense nationale est l'intégration et l'action coordonnée de toutes les forces de la nation pour la solution des conflits qui requièrent l'emploi des forces armées, de façon dissuasive ou effective, pour faire face aux agressions d'origine externe » ; consultable à l'adresse : http://www.infoleg.gob.ar/infolegInternet/anexos/20000-24999/20988/texact.htm (consulté le 11 octobre 2015).

[4] La particularité du système général de renseignement établi par la loi est que toutes les autorités liées par lesdits travaux avec des objectifs de caractère

qu'activité réglementée publiquement et ouvertement, alors que, pendant longtemps elle avait été soumise à un cadre normatif secret et confidentiel[1] ; et comme formules qui confirment la distinction entre les fonctions défense et celles de sécurité, (IV) la séparation organique de la direction[2] et l'acceptation seulement exceptionnelle et limitée de la participation des forces militaires à la sécurité interne[3], même face aux nouvelles menaces existantes[4].

---

pénal, militaire ou autre, sont soumises aux autorités civiles comme le président de la République (dans le cas du secrétariat du Renseignement), le secrétariat de Sécurité intérieure (dans le cas de la Direction nationale de renseignement criminel) et le ministère de la Défense nationale (dans le cas du renseignement militaire).

[1] Gustavo COLÁS, « Sistema de seguridad pública en Argentina. Marco normativo. Funcionamiento del sistema, principales problemas y desafíos », http://www.oas.org/dsp/Parlamentarios/Seminario/Argentina/Seguridad_Interior_Argentina.pdf (consulté le 10 octobre 2015).

[2] Une conclusion qui confirme le fait que la sécurité intérieure s'est détachée de l'appareil de sécurité publique des forces armées, pour dépendre désormais du ministère de l'Intérieur.

[3] La seule exception admise est celle « où le système de sécurité intérieure semblera insuffisant le Président pour l'accomplissement de ses objectifs (article 31 de la loi 24.059) », ce qui nécessite une « déclaration préalable de l'état de siège » (article 32 de la loi précitée), soumise aux normes spécifiques de compétence et d'action, « uniquement dans des situations de gravité extrême ». Les prévisions qui « amènent à penser que l'intention des législateurs a été d'écarter au maximum du critère dominant des forces armées les questions liées à la sécurité intérieure, en opposant des étapes intermédiaires à leur participation et en essayant d'éviter que, sous prétexte d'être préparé à une situation éventuelle de trouble intérieure, des tâches liées à ce domaine fussent effectuées ». *Cf.* José Julio FERNÁNDEZ RODRÍGUEZ et Daniel SANSÓ-RUBERT PASCUAL, « El recurso constitucional a las fuerzas armadas para el mantenimiento de la seguridad interior: el caso de Iberoamérica », *Boletín Mexicano de Derecho Comparado* XLII (128), 2010, p. 755-756, http://www.scielo.org.mx/scielo.php?script=sci_arttext&pid=S0041-86332010000200006&lng=es&tlng=es (consulté le 18 octobre 2015).

[4] Sur les nouvelles menaces liées à la lutte contre le terrorisme et le trafic de stupéfiants, on a envisagé de leur confier une mission que l'on peut considérer comme restreinte, après s'être limité à l'« usage des forces armées aux opérations de logistiques, de génie et de communications, de manière subsidiaire devant l'autorité policière chargée de la situation. Cette autorisation limitée pourrait évoluer seulement vers une action intégrale comme le résultat de l'existence d'une situation qui signifie une menace sérieuse pour l'existence de l'État et que le système de sécurité intérieure

Enfin, une nouvelle impulsion a été donnée au processus par la loi 25 778 du 3 septembre 2003 qui élève au rang constitutionnel l'imprescriptibilité des crimes contre l'humanité, et par la loi 25 779 du même jour qui déclare nulles les lois d'obéissance due et de point final. Ces mesures ont été confirmées par la Cour suprême de la nation qui, le 14 juin 2005, a prononcé la nullité définitive et rétroactive des effets des deux lois. Dans le même temps, on a facilité l'application des dispositions contenues dans des instruments internationaux de protection des droits de l'homme, comme la Convention américaine des droits de l'homme, que l'Argentine avait ratifiée, et la jurisprudence développée par la Cour interaméricaine des droits de l'homme, en particulier dans l'affaire *Barrios Altos v. Perú* de 2001[1].

Vers la paix : les cas du Guatemala et du Salvador

Les transitions au Guatemala et au Salvador, en tant que processus de sortie de conflits armés internes, bien que répondant à un contexte politique et social très différent de celui que supposent les transitions démocratiques au sortir des dictatures, n'apportent pas d'enseignements substantiellement différents. Les fondements de la transition vers la paix, les conditions de la transition et les difficultés qu'elle a suscitées, et les réformes normatives fondamentales concernant la force publique, sont également significatifs.

Le fondement direct de la transition réside dans des accords. Au Guatemala, en 1996, après un difficile processus de négociations pour sortir de trente-quatre ans de conflit armé (1962-1996)[2], le Gouvernement a signé l'accord définitif de paix avec

---

n'est pas en capacité de résoudre ». *Cf.* Juan Carlos GARZÓN VERGARA, « La seguridad y las Fuerzas Armadas en América Latina y El Caribe », *op. cit.*, p. 34.

[1] *Cf.* Federación Internacional de Derechos Humanos (FIDH), « Argentina: Avances y obstáculos en los procesos en contra de los responsables de crímenes contra la Humanidad durante la dictadura », https://www.fidh.org/IMG/pdf/Argentine518e2009-2.pdf (consulté le 11 octobre 2015).

[2] Durant son application, la doctrine de sécurité nationale a également été mise en œuvre dans d'autres nations latino-américaines fortement perméables aux confrontations idéologiques de la guerre froide. Les graves violations

l'Unité révolutionnaire nationale guatémaltèque (URNG). Dans l'accord conclu le 29 décembre 1996, dont l'objectif était d'établir un programme chronologique de mise en œuvre des accords généraux conclus préalablement, a été prévue la réforme du secteur de la sécurité et de la défense de l'État[1] afin de restituer à l'État le contrôle absolu sur les forces armées.

Au Salvador, la transition s'est produite à partir des accords conclus entre le gouvernement salvadorien et le Front Farabundo Martí de libération nationale (FMLN) et consignés dans l'Accord de Chapultepec (1992)[2]. Ses dispositions concernent principalement les relations entre civils et militaires et la nécessité de réformer et d'épurer les institutions pour garantir l'entière soumission des forces armées à la loi et aux autorités civiles[3].

Les exigences de la transition se sont traduites, dans chaque processus, par des décisions relatives à la force publique. En outre, au Guatemala, en ce qui concerne le monopole d'État du pouvoir sur les armées, et au Salvador, la soumission au droit de l'exercice des fonctions des forces militaires et de police a été clairement affirmée.

---

systématiques et massives des droits de l'homme se sont intensifiées durant la période autoritaire entre 1978 et 1983, avec les généraux Romeo Lucas García et Efraín Ríos Montt. *Cf.* Corte Interamericana de Derechos Humanos, *Masacres de Río Negro v. Guatemala*, sentence d'exceptions préliminaires, fond, réparations et coûts, série C n° 250, § 57. D'autres sentences de la Cour se réfèrent au contexte historique dans lequel se sont produites de graves violations des droits de l'homme, comme *Masacre de Plan de Sánchez v. Guatemala*, sentence du 29 avril 2004, fond, série C n° 105, § 42.1 à 42.11.

[1] Misión de Verificación de las Naciones Unidas en Guatemala (MINUGUA), « Acuerdo sobre el cronograma para la implementación, cumplimiento y verificación de los acuerdos de paz », *in Acuerdos de Paz. Firmados por el Gobierno de la República de Guatemala y la Unidad Revolucionaria Nacional Guatemalteca (URNG)*, Ciudad de Guatemala, Universidad Rafael Landívar (Ed), 1997, p. 375.

[2] Accord de Chapultepec, gouvernement du Salvador et Front Farabundo Martí de libération nationale (FMLN), http://biblio.juridicas.unam.mx/libros /4/1575/23.pdf (consulté le 10 octobre 2015). L'accord consacre ses deux premiers chapitres à la restructuration, à l'épuration et au changement de mission et de fonctions des forces armées et de la police.

[3] Programa de las Naciones Unidas para el Desarrollo en Colombia (PNUD), « *Reformas que necesitan las Fuerzas Militares* », http://www.pnud.org.co/hechosdepaz/echos/pdf/43.pdf. (consulté le 10 octobre 2015).

En effet, au Guatemala, l'axe central de la réforme a consisté en la mise en œuvre de mesures pour la démilitarisation de la société[1], puisque le conflit avait pour cause principale l'existence de civils armés qui exécutaient des plans établis dans le cadre de la politique de sécurité nationale. Le démembrement, la démobilisation et le désarmement des Comités volontaires de défense civile, et l'engagement de l'État d'éradiquer le phénomène paramilitaire qui, durant le conflit armé, s'est développé sous la forme d'armées privées reconnues comme responsables des violations les plus graves des droits de l'homme commises durant le conflit[2], ont été les contributions les plus importantes de la transition et du post-conflit au Guatemala, en tant que base de la consolidation de relations plus harmonieuses entre civils et militaires et fondement indispensable d'une société démocratique[3]. D'autre part, l'accord préa-

---

[1] *Ibid.*

[2] Ils ont perpétré un nombre significatif de crimes contre l'humanité de graves violations des droits de l'homme contre la population civile, en particulier contre les communautés indigènes guatemaltèques. *Cf.* Oficina de Derechos Humanos del Arzobispado de Guatemala, « *Guatemala: nunca más* », Tomo II, *Los mecanismos de la violencia*, http://www.derechoshumanos.net/lesahumanidad/informes/guatemala/informeREMHI-Tomo2.htm (consulté le 11 octobre 2015). En particulier, dans le rapport, on identifie, comme un organisme antérieur aux Comité de défense civile, les Patrouilles de défense civile, instaurées sous le gouvernement militaire du général Romeo Lucas García, puis officialisées sous le gouvernement de fait du général Ríos Montt dans le cadre de la mise en œuvre du Plan national de sécurité et de développement, puis par le décret 19-86 du 10 janvier 1986. Ces organisations faisaient partie du plan anti-insurgés du gouvernement guatemaltèque et avaient pour objectif d'« associer plus directement les communautés à l'offensive antiguérilla que l'armée avait engagée ». Ainsi, comme l'affirme le rapport, ces armées privées étaient des outils de sécurité et de surveillance peu coûteux et qui rendaient effective la polarisation de la société contre l'insurrection et tout ce qui était apparemment associé à celle-ci.

[3] En effet, durant le conflit, à partir de l'idée d'« ennemi interne » de la Doctrine de sécurité nationale pour la lutte contre la subversion, on a fait en sorte que le génocide commis contre la communauté indigène maya soit finalement reconnu dans le rapport de la Commission de clarification historique (CEH) du Guatemala. En particulier, le rapport *Guatemala: Nunca Más* fait une description détaillée de chacun des moyens utilisés par les forces armées guatémaltèques et des groupes d'autodéfense pour terroriser et exterminer les communautés mayas dans le contexte de la dictature et du conflit armé. Ainsi en est-il de la politique de terre détruite, des massacres

lable sur les réformes constitutionnelles et le régime électoral[1] a défini les points relatifs à la modification des pouvoirs constitutionnels attribués à l'armée guatémaltèque et à d'autres organes de l'État, afin de dépasser les obstacles constitutionnels que représentait la Constitution de 1985, « faite sur mesure pour les forces armées[2] ».

Au Salvador, par contre, d'après les données fournies par le rapport final de la Commission de la vérité pour le Salvador (1993), la plupart des graves violations aux droits de l'homme contre les Salvadoriens pendant les douze années de conflit armé ont été commises par les forces armées salvadoriennes[3]. Cette constatation a préparé le terrain pour la mise en œuvre de réformes radicales concernant la composition des forces armées, conformément à ce qui était préalablement prévu par les parties dans les accords de New York et de Chapultepec.

Enfin, ce qui concerne les réformes prévues ou réalisées, bien que le rôle des forces militaires dans chacun des deux conflits ait été différent, dans les deux cas, on a proposé des amendements concernant la force publique, avec des contenus pas toujours différents ni entre eux, ni par rapport aux transitions démocratiques envisagées.

---

continus et systématiques, de la politique de terreur contre la population civile, de la lutte contre les us et coutumes, et l'emploi de la violence sexuelle et de la torture, entre autres atrocités. *Cf.* Oficina de Derechos Humanos del Arzobispado de Guatemala, « *Guatemala: nunca más* », Tomo II, *Los mecanismos de la violencia*, http://www.derechoshumanos.net/lesahumanidad/informes/guatemala/informeREMHI-Tomo2.htm (consulté le 10 octobre 2015).

[1] Signé à Stockholm (Suède) le 7 décembre 1996. *Ibid.*, p. 345.

[2] Viviana GARCÍA PINZÓN, « Reformas al sector seguridad en contextos de post-conflicto armado: experiencias en Centroamérica y consideraciones sobre el caso colombiano », CONFERENCIA FLACSO-ISA: « Poderes Regionales y Globales en un Mundo Cambiante », Buenos Aires, juillet 2014, p. 15, consultable à l'adresse : http://web.isanet.org/Web/Conferences/FLACSO-ISA%20BuenosAires%202014/Archive/6ce04630-f865-4f27-97462e6bbc953154.pdf (consulté le 5 octobre 2015).

[3] Ledit rapport conclut que 95 % des atteintes aux droits de l'hommes ont été causées par des membres de la force publique, tandis que seulement 5 % sont attribuables au FMLN. Comisión de la Verdad para El Salvador, *De la locura a la esperanza. La guerra de 12 años en El Salvador*, http://www.derechoshumanos.net/lesahumanidad/informes/elsalvador/Introduccion-Mandato-Cronologia.pdf (consulté le 11 octobre 2015).

Les réformes se concentrent sur la garantie de la séparation des fonctions de sécurité interne et de défense externe[1], le Guatemala confiant la charge de la première à la police et celle de la seconde à l'Armée Nationale[2]. Cependant, selon les dispositions de la Constitution de 1985, l'armée est investie de la fonction « de maintenir l'indépendance, la souveraineté et l'honneur du Guatemala, l'intégrité du territoire, la paix et la sécurité intérieure et extérieure » (article 244). Cette référence à la sécurité intérieure, qui s'ajoute aux problèmes de criminalité et de violence que connaît le pays, a facilité, non seulement le travail conjoint de la force armée et de la police, mais aussi l'inclusion du combat contre la délinquance et des actions de sécurité des citoyens dans les objectifs stratégiques de ses plans et objectifs à caractère permanent.

Au Salvador, les forces militaires sont chargées de protéger la souveraineté de l'État et l'intégrité du territoire, sans lien direct avec les tâches propres à la conservation de la sécurité (article 211 de la Constitution). On admet cependant que l'on puisse confier exceptionnellement la force armée au président de la République « pour le maintien de la paix interne » (article 212 de la Constitution), mais la Constitution dispose également que cette force « collaborera aux tâches d'intérêt public que confiera le pouvoir exécutif, et [qu'elle] aidera la population en cas de catastrophe nationale » (article 212). Et sous les formes traditionnelles de la police en tant que corps de nature civile, apolitique au sens partisan du terme, assumant des fonctions classiques de conservation et de protection de l'ordre, de la sécurité et de la tranquillité publics pour les personnes et leurs biens, de la prévention et de la sanction des infractions, avec une soumission particulière au droit et aux droits de l'homme (article 159 de la Constitution du Salvador), on a créé la police nationale civile comme organisme indépendant des

---

[1] Misión de Verificación de las Naciones Unidas en Guatemala (MINUGUA), *Acuerdo sobre el cronograma para la implementación, cumplimiento y verificación de los acuerdos de paz*, *op. cit.*, p. 383.

[2] La soumission de l'armée au pouvoir civil a conduit à confier au président de la République la fonction de commandant général des forces militaires et à supprimer l'obligation constitutionnelle de nommer un militaire au poste de ministre de la Défense.

forces armées assignée à une institution civile, chargée des fonctions de sécurité[1].

Les réformes élaborées dans chaque cas ont aussi en commun un objectif d'épuration et de réduction des forces armées. Au Guatemala, en ce qui concerne l'épuration, on n'a défini aucun mécanisme spécifique, en plus de la Commission d'éclaircissement historique (CEH) dont la fonction principale est d'établir la vérité historique du conflit sans désigner obligatoirement les responsabilités spécifiques des membres de la force publique[2]. Face à la réduction des effectifs, dans l'Accord sur le renforcement du pouvoir civil et sur la fonction de l'armée dans une société démocratique de 1996 (aux articles 63.a et 63.b), on a fixé l'objectif de « réduire les effectifs de l'Armée du Guatemala de 33 % » au cours d'une année, et on a avancé un chiffre identique pour la réduction des budgets du secteur de la défense, dans un délai de cinq ans[3].

Quant au Salvador, avec la Commission nationale pour la consolidation de la paix (COPAZ) créée par l'Accord de New York pour la vérification de l'application des accords conclus par les parties, on a lancé des recherches contre 200 hauts commandements de l'armée, dont 76 furent écartés de l'institution et 26 autres ont été relégués à d'autres tâches. En ce qui concerne la disposition sur la taille de la force publique, cette dernière a été appliquée une fois la mise en œuvre des

---

[1] Dans l'accord est prévue l'introduction dans la Constitution d'un article à la demande du Congrès de la République, dans les termes suivants : « La police nationale civile est une institution professionnelle et hiérarchisée. Elle est l'unique corps policier armé avec une compétence nationale dont la fonction est de protéger et de garantir l'exercice des droits et des libertés des personnes, de prévenir, d'enquêter et de combattre le crime, et de maintenir l'ordre public et la sécurité intérieure. Elle mène ses actions dans un stricte respect des droits de l'homme et sous la direction d'autorités civiles. La loi réglementera les prérequis et l'accès à la carrière de policier, les promotions, les promotions, les mutations, les sanctions disciplinaires des fonctionnaires et des employés et les autres questions relatives au fonctionnement de la police nationale civile. »

[2] *Cf.* Viviana García Pinzón, « Reformas al sector seguridad en contextos de post-conflicto armado », *op. cit.*, p. 13.

[3] *Ibid.*, p. 14.

accords, de sorte qu'en 1993, « le nombre de troupes effectives est passé de 63 175 à 31 000[1] ».

Comme caractéristiques distinctives, au Guatemala, on a proposé une réforme de la juridiction pénale militaire, de telle sorte qu'au sein de celle-ci on ne puisse traiter que des cas d'infractions relatives à la profession et évoquées spécifiquement dans le Code militaire, la connaissance de la commission d'infractions de droit commun étant exclue de leur juridiction ; au Salvador, les services de renseignements ont été placés sous le contrôle absolu des autorités civiles (président de la République) par la création de l'Organisme de renseignement de l'État, après l'élimination de la Direction nationale du renseignement qui, en son temps, était exclusivement au service des autorités militaires. On a en outre créé un système d'éducation pour professionnaliser l'activité des militaires, tandis que l'on a défini des principes fondamentaux qui doivent être évoqués dans le cadre des enseignements de la doctrine militaire, et on a mis l'accent sur la formation aux droits de l'homme et au respect des individus qui composent la société.

Il convient de souligner que les mesures que nous avons mentionnées ont été insérées, dans un premier temps, dans le texte des accords conclus par les parties dans les deux pays, puis dans les textes constitutionnels en vigueur. Dans le cas du Guatemala, comme nous l'avons indiqué, les réformes n'ont pas pu être insérées une fois les accords conclus, comme l'avaient prévu les parties, en raison de la participation presque inexistante de la société guatémaltèque au processus démocratique qui visait à approuver l'introduction des accords dans la Constitution. Ainsi, les réformes ont dû être introduites ultérieurement de manière progressive, ce qui a sérieusement gêné leur mise en œuvre[2].

D'autre part, au Salvador, une fois terminées les séries de consultations dans la ville de Chapultepec, on a procédé à une série de réformes constitutionnelles afin d'insérer les éléments

---

[1] *Ibid.*, p. 10.

[2] *Cf.* Jorge Mario GARCÍA LAGUARDIA, « Transición democrática en Guatemala y nuevo orden constitucional. La Constitución guatemalteca de 1985 », http://biblio.juridicas.unam.mx/libros/1/48/10.pdf (consulté le 12 octobre 2015).

fondamentaux de l'accord dans la norme suprême, lesquels prévoient notamment la reconversion des forces armées par des mesures de réduction des effectifs, de restructuration et d'épuration (articles 168, 211, 212 et 213)[1].

Enfin, en ce qui concerne les difficultés des processus, au Guatemala, comme la doctrine l'a observé, le processus de reconversion des forces armées est considéré comme « inachevé et suspendu[2] », en raison de l'échec du processus d'approbation populaire des modifications constitutionnelles proposées par les parties dans les accords, avec seulement 18,5 % de participation de la population enregistrée[3]. Cet abstentionnisme a eu pour effet immédiat l'impossibilité de mettre en œuvre des réformes fondamentales comme la modification de la doctrine militaire, la séparation des fonctions de défense et de sécurité et la suppression des tâches de renseignement dont étaient chargées les forces militaires. Au Salvador, bien que cette expérience ait été considérée comme un succès en matière de réformes du secteur de la sécurité et de la défense dans un scénario postconflictuel, l'impunité généralisée, le manque d'intérêt des autorités civiles pour les nouveaux défis auxquels étaient confrontées l'armée et les forces de police, et l'insécurité croissante favorisée par la présence de nouveaux types de délinquants ont compliqué la professionnalisation et l'amélioration de la structure des forces armées ainsi que la suppression effective de leur participation aux missions de sécurité[4].

La force publique dans d'autres constitutions d'Amérique latine

Une seconde approche des Constitutions d'Amérique latine qui prétendent organiser leurs États selon les critères de la dé-

---

[1] *Cf.* Ricardo CÓRDOVA MACÍAS, « El Salvador en transición: el proceso de paz », http://www.acuedi.org/ddata/171.pdf (12 octobre 2015).

[2] *Cf.* Viviana GARCÍA PINZÓN, *op. cit.*, p. 16.

[3] Sur 4 058 832 citoyens jouissant du droit de suffrage, seuls 757 978 ont participé. *Cf.* Angélica LATORRE CORONADO, *¿Cómo refrendar la paz? Un debate inconcluso*, http://congresovisible.org/agora/post/como-refrendar-la-paz-un-debate-inconcluso/6982/ (consulté le 11 octobre 2015).

[4] *Cf.* Viviana GARCÍA PINZÓN, *op. cit.*, p. 12.

mocratie et du droit[1] permet de constater que les éléments soulignés dans le cas colombien en ce qui concerne sa force publique ne sont pas étrangers à l'encadrement normatif et aux développements auxquels ils donnent lieu en général, soit parce que les Constitutions en disposent ainsi, soit parce qu'elles sont interprétées en ce sens, soit enfin parce que les circonstances factuelles ont conduit à agir de la sorte[2].

Deux exceptions peuvent être notées dans le panorama régional : d'une part, les États dans lesquels la structure double de la force publique est fortement préservée[3], et dans lesquels est

---

[1] Toutefois, on n'inclut pas dans ce cas la référence au Venezuela parce que tant le texte de la Constitution que l'exercice des compétences présidentielles et législatives ont facilité une altération radicale de la fonction et de la condition des forces armées dans l'État pour s'écarter de la raditionnelle neutralité politique et de la soumission au pouvoir civil et deveniir un régime militarisé qui, à la manière du Chili mais en sens inverse, a renforcé le pouvoir militaire sur les pouvoirs constitués démocratiquement, ainsi que son incidence sur le système politique constitutionnel. Sur cette question, Cotino Hueso, reprenant Miguel Manrique, observe qu'au Venezuela s'est ainsi constitué un « nouveau paradigme ou modèle dans les relations civiles et militaires » : « il s'agit d'un mélange de politisation des FAS et de leur transformation en un instrument politique légitimé pour participer activement et de façon permanente à la conduite des affaires publiques, par le biais de mécanismes démocratiques électoraux pour légitimer leur accès aux processus d'adoption et d'exécution des décisions, et du choix du personnel politique soutenu par les FAS ». *Cf.* Lorenzo COTINO HUESO, « Supremacía y control civiles de la defensa y las fuerzas armadas. Seguimiento y propuestas para América Latina », *Documentos CIDOB*, Serie América Latina, N° 22, 2007, p. 32-33. *Cf.* Miguel MANRIQUE, « El proceso de politización de las FAS Venezolanas, 1998-2002 », *in* José Antonio OLMEDA (comp.), *Democracias frágiles. Las relaciones civiles-militares en el mundo iberoamericano*, Valencia, Tirant lo Blanch, Instituto General Gutiérrez Mellado, 2005. p. 765-788.

[2] José Julio Fernández Rodríguez et Daniel Sansó-Rubert Pascual distinguent trois régimes : ceux où il existe une certaine différence entre les fonctions de l'une et l'autre force, ceux qui présentent des différences comparables mais qui se contredisent par la portée normative des éléments factuels, et ceux dans lesquels c'est l'ordre constitutionnel lui-même qui ne fait pas suffisamment la différence. *Cf.* José Julio FERNÁNDEZ RODRÍGUEZ et Daniel SANSÓ-RUBERT PASCUAL, « El recurso constitucional a las fuerzas armadas », *op. cit.*, p. 747, 750, 754.

[3] Il convient d'inclure ici les cas de l'Argentine, du Chili, de l'Uruguay et du Paraguay. *Cf.* José Julio FERNÁNDEZ RODRÍGUEZ et Daniel SANSÓ-RUBERT PASCUAL, *op. cit.*, p. 754 et s. ; Francisco ROJAS ARAVENA, « El riesgo de la superposición entre las políticas de defensa y seguridad », *Revista Nueva*

établie « une délimitation claire entre les fonctions de police et les fonctions militaires[1] », et le cas des États sans forces militaires[2]. Dans les autres constitutions, même si elles peuvent apparemment contenir des dispositions normatives qui attribuent une nature et des fonctions différentes à chaque force[3] ou qui n'admettent, en principe, l'intervention des forces armées en matière de sécurité intérieure qu'en période d'état

---

Sociedad, n° 213, 2008, p. 37, http://biblioteca2012.hegoa.efaber.net/system/ebooks/16676/original/Ciudadanos_en_uniforme.pdf (consulté le 18 octobre 2015) ; Marie Celina d'Araujo relève les cas de l'Uruguay et du Paraguay comme les pays dont les constitutions « ne mentionnent pas la participation des forces armées comme acteurs du développement économique national et des questions de sécurité intérieure ». *Cf.* Marie CELINA D'ARAUJO, « Matices en las visiones sobre militares y sociedad en América del Sur », *in* Rafael MARTÍNEZ (oord.), *Las relaciones civiles-militares en sociedades en transformación: América Latina*, Barcelona, Documentos CIDOB, América Latina, 2013, núm. 36, p. 15. Lorenzo Cotino Hueso propose toutefois une liste plus grande : celle des constitutions de l'Argentine, du Chili, du Salvador, du Guatemala, du Honduras et de l'Uruguay. *Cf.* Lorenzo COTINO HUESO, « Supremacía y control civiles de la defensa y las fuerzas armadas », *op. cit.*, p. 52.

[1] *Cf.* Francisco ROJAS ARAVENA, « El riesgo de la superposición entre las políticas de defensa y seguridad », *op. cit.*, p. 37.

[2] *Cf. infra*. 2.3.

[3] On établit ainsi les différences classiques dans les constitutions de l'Équateur (article 158 de la Constitution de 2008), de la Bolivia (articles 244 et 251) et du Pérou (articles 165 et 166). En outre, dans toutes ces constitutions, leurs forces sont déclarées obéissantes et non délibérantes ou apolitiques, appelées à remplir « leur mission avec la stricte soumission au pouvoir civil et à la Constitution » (article 159 de la Constitution de l'Équateur) ou « à être soumises à un droit strict » (article 245, 251.II de la Constitution de la Bolivie) ou « subordonnées au pouvoir constitutionnel » (article 169 de la Constitution du Pérou). Dans le même sens, les constitutions du Honduras (article 293), du Salvador (article 159) et du Mexique (article 21). Il en va de même avec la Constitution de la République fédérale du Brésil, puisque si les forces armées sont chargées de « la défense de la patrie, de la garantie des pouvoirs constitutionnels et, à l'initiative de n'importe lequel d'entre eux, de la loi et de l'ordre » (article 142), dispositions sur le fondement desquelles elles pourraient se charger de tâches de sécurité publique, le développement légal et réglementaire ont cherché à préciser les contours de cette forme, de telle sorte qu'elle dépende en définitive du chef de l'État et que l'emploi des forces militaires n'ait lieu que d'une manière épisodique, pour des missions concrètes. José Fernández Rodríguez et Daniel Sansó-Rubert Pascual incluent ici le Nicaragua, l'Équateur, la Bolivie, le Pérou ainsi que le Brésil. *Cf.* José Julio FERNÁNDEZ RODRÍGUEZ et Daniel SANSÓ-RUBERT PASCUAL, « El recurso constitucional a las fuerzas armadas », *op. cit.*, p. 750-754.

d'exception[1], on observe, dans les textes constitutionnels, la participation tant des forces militaires que des forces de police sur des questions toujours plus importantes et plus impérieuses de sécurité intérieure[2]. À ceci s'ajoute le fait que plusieurs constitutions sont venues conférer aux forces militaires des tâches sans rapport avec l'utilisation de la force, mais justifiées par leurs compétences et leur connaissance professionnelle appliquées au développement social[3] et économique[1].

---

[1] *Cf. ibid.* p. 747-750. Toutefois, cette restriction est nettement vérifiable seulement dans le cas de la Constitution du Pérou qui établit expressément que les forces militaires « assument le contrôle de l'ordre interne conformément à l'article 137 », c'est-à-dire seulement durant les états d'exception et conformément à la volonté du président de la République.

[2] De fait, dans certaines constitutions, on a rendu expresse ladite intervention en matières de sécurité intérieure, comme c'est le cas avec la Constitution du Honduras, dans laquelle les forces armées pourront agir « avec les institutions de sécurité publique, sur demande de la secrétaire d'État au bureau de sécurité, pour combattre le terrorisme, le trafic d'armes et le crime organisé (article 274), dans la Constitution du Salvador qui autorise la disposition exceptionnelle de la force armée par le président de la République « pour le maintien de la paix intérieure » (article 212), dans la Constitution du Mexique qui prévoit que le président de la République peut « disposer de la totalité de la force armée permanente », que ce soit de l'armée de terre, de la marine nationale ou de l'armée de l'air, « pour la sécurité intérieure et la défense extérieure de la fédération » (article 89, VI, révisé en 2004). Cette disposition, qui découle de la réforme constitutionnelle de 2004, face aux niveaux croissants de criminalité et de discrédit de la police, a servi pour l'utilisation de moyens militaires comme formule permanente de la politique de sécurité citoyenne, en particulier au début du gouvernement du président Calderón. Ainsi, la Cour interaméricaine des droits de l'homme, dans les affaires *Fernández Ortega v. México* et *Montiel Flóres*, également contre l'État mexicain, a mis en évidence l'usage croissant des forces militaires pour le maintien de la sécurité citoyenne, en particulier dans des zones affectées par la présence de la mafia. Sur la question, voir Cour interaméricaine des droits de l'homme, affaire *Fernández Ortega y otros v. Estados Unidos Mexicanos*, exception préliminaire, fond, dommages et intérêts, sentence du 30 août 2010, Série C n° 215 ; voir également l'affaire *Cabrera García y Montiel Flóres v. Estados Unidos Mexicanos*, exception préliminaire, fond, dommages et intérêts, *cf.* sentence du 26 novembre 2010, Série C n° 220.

[3] La Constitution du Honduras l'envisage ainsi quand elle établit que les forces militaires, à la demande des secrétariats d'État et d'autres institutions, « coopéreront (…) aux tâches d'alphabétisation, d'éducation, d'agriculture, de conservation de l'environnement, de transports, de communications, de santé et de réforme agraire » (article 274) ; il en va de même pour la Constitution du

Donc, bien qu'une révision d'une telle nature ne remplisse pas les exigences méthodologiques de la comparaison juridique, même si elle tient compte du fait que, dans la région, il existe une organisation de la force publique qui opère dans le but (pas du tout atteint) de réguler les relations civiques-militaires[2], il existe une « zone grise » qui apparaît comme un large croisement entre les fonctions que remplissent les forces armées et les forces de police et avec la définition extensive du concept de

---

Salvador quand elle dispose que ladite force « collaborera aux travaux d'intérêt public que recommande le pouvoir exécutif, et aidera la population en cas de désastre national » (article 212) ; enfin, la Constitution de l'Équateur établit que les forces militaires, bien qu'elles soient soumises à la loi, pourront « participer à des activités économiques relatives à la défense nationale » et « apporter leur contingent pour soutenir le développement national » (article 162). En outre, viennent s'ajouter « les politiques de défense au développement national », les forces armées étant reconnues comme « un acteur direct dans la formulation d'un projet national (...) ». *Cf.* María Celina D'ARAUJO, « Matices en las visiones sobre militares y sociedad en América del Sur... », *op. cit.*, p. 15.

[1] Par exemple, Narcís Serra cite plusieurs cas latino-américains où les systèmes juridiques prévoient la participation des forces armées à des activités économiques, puisque « [...] comme héritage de la période de dictature ou de tutelle militaire précédente », les États du sous-continent, « ont inclus dans leurs constitutions ou leurs lois relatives à la défense nationale un article qui prévoit ou autorise l'intervention militaire dans des activités de développement économique de la nation [...]. Le cas le plus extrême est probablement celui de l'Équateur, bien que l'importance des entreprises aux mains des militaires au Honduras, en Colombie ou au Brésil, pour citer d'autres exemples, ne puisse être minimisée ». Par exemple, en Uruguay, « ces tâches font l'objet du troisième article du décret-loi organique sur les forces armées. Ces missions sont aussi incluses dans la Constitution du Pérou et font l'objet de débats dans le processus actuel de réforme ». *Cf.* Narcís SERRA, « El control de las Fuerzas Armadas en la transición democrática », *in* Rafael MARTÍNEZ, *La seguridad desde las dos orillas. Un debate entre Europa y Latinoamérica*, Barcelona, Fundación CIDOB, 2006, p. 32.

[2] Un bilan relativement positif des réformes réalisées en ce sens dans la région est établi par David PION-BERLIN, « Latin-American Civil-Military Relations ; What progress has been made », *in* David MARES et Rafael MARTÍNEZ (ed.), *Debating Civil-Military Relations in Latin America*, *op. cit.*, p. 61 et s., en particulier p. 64. Pour un bilan moins positif, voir Rut DIAMINT, « Latin Amercia and the Military Question Reexamined », *in* David MARES et Rafael MARTÍNEZ (ed.), *Debating Civil-Military Relations*, *op. cit.*, p. 101-124.

sécurité qui sert, à son tour, à élargir les fonctions des militaires[1].

Divers facteurs et éléments expliquent ou décrivent cette caractéristique :

(i) Dans les pays au passé autoritaire, on observe toujours la présence des forces militaires dans les processus de transition et de consolidation démocratique, celles-ci manifestant une volonté de conserver leur pouvoir en tant qu'institution. Cela arrive aussi dans les pays qui ont subi des conflits armés qui ont justifié le renforcement du rôle des forces militaires et la participation de celles-ci à la préservation de la tranquillité publique et qui, en étant admises comme faisant naturellement partie de la vie de l'État, tendent à être maintenues après le conflit et en période normale.

(ii) L'influence des États-Unis, où la distinction entre la sécurité et la défense ne s'avère pas adéquate pour relever les défis propres à la lutte contre les drogues illicites, tâche inéluctable qui doit être assumée par le biais de commandos conjoints[2] et la militarisation de la police qui en résulte[3]. Cette ingérence a également servi à impulser « un rôle social et d'assistance aux militaires » dans les États confrontés à un conflit armé interne, comme manifestation de la doctrine de justice sociale et de l'« Alliance pour le Progrès[4] ».

---

[1] *Cf.* John GRIFFITHS SPIELMAN, *Teoría de la Seguridad y Defensa en el continente americano: Análisis de los casos de EE.UU., Perú y Chile*, Santiago, RIL eds., 2011, p. 125 et s..

[2] En particulier, Diamint rappelle que les États-Unis, dans « leur *Command Strategy 2016*, avancent qu'un commando militaire coopère avec des agences en Amérique latine, ce qui signifie que les forces armées nord-américaines travaillent avec nos polices, accentuant la sécurisation des problèmes sociaux et détruisant le fragile État de droit ». *Cf.* Rut DIAMINT, « Defensa, seguridad y Estado de Derecho », *in* José Raúl PERALES (Ed.), *Reformas a la Fuerza Pública en América Latina y el impacto de las amenazas irregulares*, 20 *Wodrow Wilson Center Reports on the Americas*, n° 20, 2008, p. 108, http://www.flacsoandes.edu.ec/libros/digital/39775.pdf (consulté le 18 octobre 2015).

[3] *Cf.* Narcís SERRA, « El control de las Fuerzas Armadas en la transición democrática », *op. cit.*, p. 32.

[4] *Cf.* Lorenzo COTINO HUESO, « Supremacía y control civiles de la defensa », *op. cit.*, p. 51.

(iii) Les problèmes de gouvernabilité. La participation des forces armées à la vie de la communauté est renforcée par les faiblesses de l'État en tant qu'appareil pour élaborer et mettre en œuvre « des stratégies et des politiques publiques de sécurité des citoyens qui préservent l'ordre et les conditions d'exercice des droits, des libertés et l'accomplissement des devoirs des personnes. Cette « faiblesse institutionnelle républicaine » fait que les forces militaires deviennent un recours ordinaire « pour faire face à des affaires de sécurité intérieure », en se substituant ou en se superposant aux forces de police en tant que participant à un processus « de militarisation de l'ordre public » et d'établissement d'une culture politique favorable à la répression comme mécanisme de contrôle des dangers du crime organisé[1].

(iv) La défense d'intérêts corporatifs. Au-delà des problèmes de sécurité interne, tant les forces militaires que les forces de police ont résisté « à l'avancée du Gouvernement sur l'institution[2] » et à l'application effective d'un système de contrôles sur leur activité. Ainsi, on cherche à défendre les privilèges, les prérogatives et les droits reconnus par la Constitution et la loi aux membres de la force publique[3].

---

[1] « Ainsi, les valeurs militaires se déplacent vers la société et le niveau de violence admis augmente, justifié par la crainte la criminalité quotidienne. Les principes démocratiques s'évanouissent alors, la société se fait justice de ses propres mains, et les citoyens eux-mêmes qui réclamaient la démocratie exigent aujourd'hui une main de fer et la tolérance zéro, en fracturant l'État de droit. » *Cf.* Rut DIAMINT, « Defensa, seguridad y Estado de Derecho », *op. cit.*, p. 107.

[2] En effet, la « corporation militaire accepte déjà les contrôles organisationnels mais essaie de maintenir le contrôle sur la définition professionnelle, sur les valeurs à cultiver par la collectivité pour prendre des décisions de façon autonome sur l'éducation militaire, l'accès à la carrière et les mécanismes de promotion interne ». Cette résistance n'exclut pas que les gouvernements aient pu faire davantage pour « approfondir les défis de la démocratisation », comme cela est arrivé en Espagne, donnant lieu à l'« assimilation par les militaires de valeurs plus proches de celles de la société qu'ils servent, (...) passant d'une institution qui dialogue avec les pouvoirs de l'État à celle d'une branche de l'administration ». *Cf.* Narcís SERRA, « Amenazas a la democracia en el campo de las Fuerzas Armadas, la Policía y la inteligencia: sugerencias a partir del caso de España », III Asamblea General del Club de Madrid, http://www.clubmadrid.org, p. 7.

[3] Pour ces deux raisons, Markus Schultze-Kraft observait qu'en Amérique latine, « la grande transformation de la force publique est restée insuffisante

(v) Les nouvelles menaces. La différenciation entre les fonctions attribuées aux forces militaires et celles qui relèvent de la police n'a pas non plus été facilitée par les « nouvelles » menaces qui pèsent sur la sécurité de l'État, son territoire, sa souveraineté, sa capacité d'imposer l'ordre constitutionnel et la coexistence pacifique. Nous pensons ici au « trafic de drogues, au terrorisme, au crime organisé, aux gangs, à l'insécurité, à la course aux armements, aux catastrophes environnementales, aux migrations forcées, aux clivages idéologiques[1] ». À cela s'ajoutent la pauvreté et « la marginalisation de vastes secteurs de la société » qui aggravent la violence sociale[2] et nécessitent l'intervention efficace d'une force publique.

---

dans trois domaines fondamentaux : la détermination des relations entre certains membres des forces militaires et de la police avec les groupes paramilitaires et les narcotrafiquants ; la promotion avec efficience et efficacité du respect et de la protection des droits de l'homme par les membres de la force publique ; et la réforme du système de justice militaire, de telle sorte que des actes commis par des membres des forces armées en-dehors du service ou en contrevenant aux règles de service et aux normes internationales, n'étaient pas couverts par la coutume militaire mais d'une manière efficiente par la justice ordinaire. Dans les trois domaines, des problèmes sérieux persistent, malgré les efforts des autorités, tant civiles que militaires, pour les réparer ». Markus SCHULTZE-KRAFT, « La cuestión militar en Colombia: la fuerza pública y los retos de la construcción de la paz », *op. cit.*, p. 414.

[1] Rut DIAMINT, *Defensa, seguridad y Estado de Derecho*, en *Reforma de las fuerzas armadas en América latina y el impacto de las amenazas irregulares*, Washington, Woodrow Wilson International Center for Scholars, 2008, p. 107.

[2] Ces facteurs ont conduit la jurisprudence constitutionnelle colombienne à accepter la zone grise mentionnée et à trouver dans la réglementation constitutionnelle de 1991 une façon de « concilier les aspirations idéales » des institutions différenciées avec des « nécessités conjoncturelles » (C-444 de 1995, M.P. Charles Gaviria Diaz). En effet, elle observe que l'ambiguïté de cette zone limite « est le résultat de la réalité sociale imposée par les groupes armés qui agissent contre l'État. Le phénomène de la militarisation de la police – c'est-à-dire l'emploi d'armes et d'attitudes propres à la tactique de guerre – (...), correspond à l'adaptation que ledit corps doit subir pour remplir ses objectifs dans des situation de trouble à l'ordre public. C'est la gravité des délits et des menaces qui détermine le rôle défensif et non simplement préventif de la police » (C-453 de 1994, M.P. Eduardo Cifuentes Muñoz). Dans le même sens, elle a affirmé que « la distinction souhaitable entre ces deux domaines, vitale dans un État de droit, peut constituer un obstacle à la

(vi) Les nouvelles missions. Dans la même lignée, on peut aussi noter une tendance dans le schéma de fonctionnement des forces armées en Amérique latine, à savoir l'attribution de missions spéciales différentes de celles relatives à la défense et qui, bien qu'elles ne soient pas du tout nouvelles, deviennent, de par leur importance, un facteur déterminant du fonctionnement actuel de la force publique. Parmi celles-ci, celles qui étaient déjà annoncées, les mesures d'assistance humanitaire en cas de catastrophes naturelles, ou de situations de catastrophe ou d'urgence » et de coopération pour « la préservation de l'environnement[1] », y compris le développement de fonctions culturelles ou d'assistance sociale ou de prestation de services publics. Font également partie de ces missions non conventionnelles des activités à caractère économique de deux types principaux : de type industriel pour construire des infrastructures de défense nationale, et comme bâtisseur de la nation, pour « promouvoir le développement économique qui peut favoriser le développement et la cohésion sociale[2], comme des « entreprises de transport (pour couvrir des zones peu peuplées de faible intérêt sur un plan strictement commercial) ou des entreprises de travaux publics[3] ».

Avec les premières, on cherche à employer l'équipement et profiter du professionnalisme des forces militaires dans des fonctions urgentes pour l'État social. Les secondes apparaissent comme un moyen de « maintenir des espaces propres à l'économie et aux finances », de rechercher des recettes supplémentaires pour faire face aux dépenses liées aux « services

---

nécessité de répondre aux sources internes de violence qui compromettent, tant l'ordre constitutionnel (dont la défense est la finalité primordiale des forces militaires, selon l'article 217 de la Constitution), que les conditions nécessaires pour l'exercice des droits et des liberté publique (qui relève de la police nationale, selon l'article 218 de la Constitution) » (C-444 de 1995, M.P. Charles Gaviria Diaz).

[1] *Cf.* Gabriel AGUILERA PERALTA, Juan Pedro SEPÚLVEDA, « Defensa y Comunidad Nacional e Internacional », *in Atlas Comparativo De La Defensa En América Latina Y Caribe*, RESDAL, Buenos Aires, 2012, p. 86-98.

[2] *Cf.* Kristina MANI, « Military Entrepreneurs: Patterns in Latin America », *Latin American Politics and Society*, Vol. 53, Issue 3, 2011, p. 25.

[3] *Cf.* Narcís SERRA, « El control de las Fuerzas Armadas en la transición democrática », *op. cit.*, p. 32.

de sécurité sociale », ou comme simple « expression de l'autonomie militaire[1] ».

(vii) Le rôle dans la diplomatie et la coopération internationale. Outre les tâches non conventionnelles dans l'ordre interne, les forces armées ont commencé à remplir des « missions de coopération » et d'« intégration internationale » pour lesquelles elles s'engagent à participer directement ou en soutien aux armées d'autres États.

Ainsi, dans les différents contextes historiques, politiques et sociaux vécus par les pays d'Amérique latine, les constitutions et les régimes établis rendent compte d'un système dans lequel la force publique est exercée par les forces militaires et les forces de police qui, bien que possédant une nature et des fonctions différentes, agissent conjointement ou coopèrent toujours plus en raison de l'extension des préoccupations pour la sécurité interne. La zone grise se transforme ainsi un élément de l'« être » et du « devoir être » de la force publique, en raison des nécessités et des intérêts communs qui sont nombreux. Ainsi, la différenciation substantielle entre les fonctions de police et celles des forces armées, bien que nécessaire pour définir le fondement de l'activité, cesse d'être possible dans les conditions imposées par l'État et ses institutions, et d'être souhaitable face aux menaces et aux dangers d'une remise en cause de la stabilité publique et de la tranquillité des citoyens.

Les États sans force militaire

Outre les enseignements que l'on peut tirer des transitions démocratiques, il convient d'étudier aussi le cas extrême où, à l'occasion de la fin d'un conflit, on envisage pour l'avenir l'élimination des forces armées, comme cela se produit dans

---

[1] *Cf.* Gabriel AGUILERA, « Las relaciones cívico militares en el Estado democrático », http://library.fes.de/pdf-files/bueros/angola/hosting/upd12_02aguilera.pdf (consulté le 18 octobre 2015).

certains États d'Europe[1], de l'Océan Pacifique[2], de l'Océan Indien[3], des Antilles et des Caraïbes[4], et d'Amérique latine. Dans ce dernier cas, on fait référence aux républiques du Costa Rica[5] et du Panama[6].

---

[1] Dans cet ordre, il y existe un premier groupe de pays européens, comme ceux de l'État de la Cité du Vatican, les principautés de Monaco, d'Andorre et du Liechtenstein, ainsi que les républiques de Saint-Marin et de l'Islande. Sauf dans le cas de l'Islande, dans tous les autres il s'agit de petits États, enclavés dans des territoires appartenant à d'autres grands pays comme la France, l'Espagne, la Suisse et l'Italie, appelés à satisfaire si nécessaire les besoins de défense.

[2] Un deuxième groupe est formé des États archépélagiques ou des îles situés dans l'Océan Pacifique, comme Vanautu, Tuvalu, Palaos, Nauru, Kiribati, les Îles Marshall, Samoa et los États fédérés de la Micronésie, dont la force publique réside dans la police et les garde-côtes, ainsi que dans l'appui ou la protection de diverses fortes nations, comme les Etats-Unis, l'Australie et la Nouvelle-Zélande.

[3] Le troisième groupe est formé des îles situées dans l'Océan Indien, c'est-à-dire la république de l'Île Maurice et la monarchie parlementaire des Îles Salomon, qui font partie du Commonwealth, lesquelles, comme dans le cas précédent, disposent seulement d'une force de police et, en ce qui concerne le dernier cas, dont l'indépendance et la stabilité reposent sur l'armée de l'Australie.

[4] Le quatrième groupe se retrouve aux Antilles et aux Caraïbes, avec les îles de Saint Vincent et les Grenadines, Sainte Lucie, Saint Christophe et Niévès, qui appartiennent au Commonwealth et dont la préoccupation principale en termes de sécurité est liée au narcotrafic et à la corruption ; on retrouve également ici la république d'Haïti, la Grenade, Dominique et les Barbades, les deux premières étant contrôlées et protégées, soit par les forces de paix sous mandat de l'ONU, soit par l'armée étasunienne.

[5] Le Costa Rica a eu une armée jusqu'en 1948, année où elle fut abolie après la fin de la guerre civile. Cette décision a été constitutionnalisée l'année suivante (article 12 de la Constitution), et s'est accompagnée de la consolidation d'un corps de police qui constitue la « force publique du Costa Rica ». Soumise au mandat suprême qu'exerce la présidence de la République (article 139 alinéa 3) et ses dispositions selon lesquelles les devoirs et attributions conjointement exercés par le président de la République et le ministre compétent visent à « préserver l'ordre, la défense et la sécurité du pays » (article 140 alinéa 16).

[6] Au Panama, l'armée a été supprimée en 1990, par une décision confirmée par un vote unanime du Parlement lors de la réforme constitutionnelle en 1994. Ainsi, le titre XII sur la force publique affirme que « la République du Panama n'aura pas d'armée », tout en prévoyant que tous les Panaméens auront l'obligation de « prendre les armes pour défendre l'indépendance nationale et l'intégrité territoriale de l'État ». Et en « relation avec la

L'inexistence de forces militaires n'interdit pas « le monopole de la contrainte physique légitime » de l'État, toujours nécessaire pour sauvegarder son indépendance, sa souveraineté et l'ordre public interne, quelle que soit la formule idéologique et politique qu'ils adoptent. Cela a été rendu possible par le renforcement de la police et des formules de coopération.

La détermination obéit alors à une décision qui cherche à placer l'exercice du pouvoir répressif de l'État entre les mains d'autorités de pouvoir civil, ce qui soulève des questions matérielles liées à la taille de son territoire[1] et à sa situation géopolitique. On ne peut pas alors perdre de vue[2] le fait que les deux États étudiés sont de petits États du point de vue territorial et démographique. Ils ont aussi pour point commun que, « pour différentes raisons, ils ont eu ou ont une importance stratégique pour les États-Unis[3] » et qu'au moment de la disparition des forces armées, ils possédaient un degré d'institutionnalité très

---

préservation de l'ordre public, la protection de la vie, de l'honneur et des biens de ceux qui se trouvent sous la juridiction de l'État et pour la prévention de faits délictueux », il est prévu que « la Loi organisera les services nécessaires de police, avec un commandement et une hiérarchie séparés (article 310). Par ailleurs, on exclut pour les services de police un pouvoir décisionnel et leurs membres sont privés de droits civils et politiques comme « des manifestations ou des déclarations politiques sous forme individuelle ou collective », la participation à « la politique partisane », mais ils jouissent du droit de vote (article 311). Il est également prévu que face à la « menace d'une agression étrangère, des services spéciaux de police pourront être organisés temporairement, en vertu d'une loi, pour la protection des frontières et les territoires de la République (article 310). En tout cas, jusqu'en 1999, le Canal de Panama fut gardé par les forces armées américaines conformément aux dispositions du traité relatif à la neutralité du canal et au fonctionnement du Canal de Panama de 1977 (traité Torrijos-Carter) qui prévoyait notamment le retrait des forces armées du territoire panaméen pour que les autorités nationales se chargent de la sécurité et de la défense.

[1] En effet, les vingt-cinq pays, à l'exception de l'Islande, du Costa Rica, du Panama et d'Haïti, sont des micro-États, et il est plus pertinent de reconnaître leur condition dans la seconde optique.

[2] *Cf.* Francisco ROJAS ARAVENA, *La experiencia de la desmilitarización en los países de americanos,* s.m.d., http://www.eurosur.org/FLACSO/paz12.htm (consulté le 12 octobre 2015).

[3] Au Panama, comme cela s'est également passé à Haïti, l'élimination des forces militaires a été décidée sous l'influence des État-Unis. *Cf. ibid.*.

faible ou inexistant[1]. À ceci viennent s'ajouter les bonnes justifications supplémentaires avancées, liées aux énormes économies en matière de finances publiques et à la meilleure utilisation de ces dernières[2].

Les enseignements du droit comparé pour la Colombie

Se référer au droit et aux expériences comparées doit servir à reconnaître des modèles, des formules ou des délais qui doivent être suivis, écartés ou corrigés, dans l'élaboration de politiques ou d'accords pour un post-conflit et la consolidation de la paix en Colombie.

L'étude des constitutions en général et des expériences de transition vers la démocratie ou la paix ne permettent pas de reconnaître au sens strict des modèles ou des paradigmes idéalement reproductibles, bien qu'il soit possible de relever des textes juridiques ou des pratiques pouvant être utiles pour la transition et le post-conflit colombiens.

Premièrement, dans le modèle que constituent l'Argentine et le Chili, qui est le fruit des processus de transition du régime dictatorial à la démocratie, on a introduit une série de réformes destinées à établir des relations entre la société civile et les militaires, dans lesquelles la force publique est soumise au respect de la légalité, avec des compromis institutionnels qui permettent de se libérer d'un passé caractérisé par la violence et les

---

[1] Rojas Aravena évoque aussi comme élément commun l'absence de « conflits frontaliers avec ses voisins ». *Cf. ibid.*. Malgré tout, sans altérer l'organisation de la force publique au Costa Rica, cet élément n'a pas été rempli, comme le montre le différend frontalier avec le Nicaragua qui a été résolu par la sentence du 16 décembre 2015 de la Cour internationale de justice. *Cf.* Corte Internacional de Justicia, *Caso Algunas actividades emprendidas por Nicaragua en zona limítrofe (Costa Rica v. Nicaragua)*, acumulado con *el caso Construcción de carretera en zona limítrofe por parte de Costa Rica (Nicaragua v. Costa Rica)*, Sentencia de 16 de diciembre de 2015, no. 150 y 152. Fondo, http://www.icj-cij.org/docket/files/152/18848.pdf (consulté le 18 ocrobre 2015).

[2] L'objectif est que cela ne soit pas du tout confirmé, comme le note l'analyse « ¿Ahorran Costa Rica y Panamá por no tener ejército? », Redacción BBC Mundo, 2 junio 2015, http://www.bbc.com/mundo/noticias/2015/06/150601_economia_gasto_militar_panama_costa_rica_lf (consulté le 10 octobre 2015).

abus, constituant un outil de consolidation politique interne et de restauration de la confiance dans les institutions[1].

Ceci se manifeste fondamentalement par la séparation des fonctions entre les forces militaires et les forces de police, qui est une norme constitutive de la transformation opérée. On cherche à ce que ce soient seulement ces dernières qui puissent agir en matière de sécurité interne et que les forces militaires soient écartées de l'exercice de fonctions associées au maintien de la coexistence pacifique, pour éviter le retour à une formule passée et pour exclure toute ingérence dans la vie collective et le fonctionnement normal des institutions. C'est la même prétention que visent les Constitutions latino-américaines.

Aussi important, le fait de venir de dictatures dans lesquelles la force militaire a une responsabilité fondamentale dans les événements survenus et dans la manière dont la démocratie et tous ses éléments formels et substantiels doivent être reconstruits occupe toutefois une place particulière. Et c'est pourquoi la séparation totale des fonctions des forces armées et de la police devient nécessaire, exigible, parce que même si on réalisait d'autres transformations, on ne garantirait pas le succès de la transition démocratique si on ne restructurait pas ainsi le fonctionnement de la force publique.

Les difficultés de mise en œuvre des mesures de transformation ou induites par celle-ci sont aussi des aspects qui doivent être pris en considération dans les réformes. D'une part, on ne doit pas sous-estimer, dans la préparation des réformes, le pouvoir acquis par les forces armées, dans le cadre de leurs intérêts corporatifs, et leur demande de participer à l'élaboration de la définition correcte, du calendrier et du contenu des réformes pour assurer leur efficacité et la prise en considération des mesures juridiques prises par celles-ci en tant que défenseurs de l'État pendant le conflit. Le Chili a beaucoup tardé à supprimer

---

[1] En Espagne, de fait, la différenciation établie entre la sécurité intérieure et la sécurité extérieure est considérée comme « l'un des principaux buts de la Constitution espagnole de 1978 et l'une des principales transformations imposées par la transition démcratique espagnole. *Cf.* Rafael MARTÍNEZ, « La consolidación social de la democracia como parte del proceso de democratización de las fuerzas armadas », *in* Rafael MARTÍNEZ (ed), *La seguridad desde las dos orillas. Un debate entre Europa y Latinoamérica*, *op. cit.*, p. 94.

les privilèges de l'armée, mais ceci a en même temps servi à maintenir la loyauté de l'armée dans le processus, avec la séparation des fonctions et le maintien pour celle-ci des fonctions en matière de défense. Au contraire, on peut souligner qu'en Argentine, la révision à la baisse, pour de bonnes intentions, des fonctions et des moyens des forces armées, opérée rapidement et de façon irréfléchie, a mis en danger le pouvoir coercitif de l'État pour la défense de sa souveraineté, de son intégrité territoriale et de son ordre constitutionnel, ce qui est aussi important que la soumission de l'armée au droit et aux institutions[1].

Les cas le Guatemala et du Salvador, bien qu'étant le produit de transitions de conflit armé interne vers la paix, reprennent dans leurs déclarations de principes la soumission inconditionnelle au pouvoir civil, le respect sans restriction des droits de l'homme et des critères internationaux de la responsabilité et à la séparation, pas très stricte, des fonctions de nature militaire et des fonctions de nature civile, mesures qui, bien que figurant parmi les réformes, n'ont pu être mises en évidence.

Mais dans leur développement, les grandes leçons que les deux pays peuvent offrir sont que, d'une part, une transition et un post-conflit ne survivent pas sans l'engagement politique des autorités, des citoyens et de leurs groupes, ou des acteurs qui négocient, comme cela n'a pas été le cas au Guatemala, d'autre part, que l'absence de sécurité publique et la forte présence de la criminalité ne peuvent pas garantir les conditions d'une paix stable et durable et d'une coexistence qu'un post-conflit doit établir.

En outre, dans le cadre analysé, il convient de mentionner l'enseignement du droit latino-américain dans lequel, bien que des institutions séparées soient consacrées aux garanties pour leur contrôle par le pouvoir civil, on admet également la « zone grise » qui fonde ou contribue à fonder les fonctions de défense et de sécurité intérieure, parce que la violence et le crime orga-

---

[1] Une capacité sous-entendue, étant donnés les problèmes rencontrés face à la réduction timide du pouvoir militaire, au point d'affirmer avec ironie que l'Argentine fait partie des pays qui n'ont pas de forces armées. *Cf.* Carlos SERRANO, « 26 países sin fuerzas armadas », http://www.bolinfodecarlos.com.ar/220911_sinffaa.htm (consulté le 20 septembre 2015).

nisé, les relations internationales et les nouvelles missions l'imposent.

Enfin, il y a le cas des États sans force armée, l'option la plus idéaliste d'un post-conflit, États qui n'ont pas besoin de la force coercitive des armées et qui peuvent, par conséquent, la supprimer, une alternative à exclure totalement vu les caractéristiques particulières que présentent le Costa Rica et le Panama et qui limitent nettement la rationalité de la transplantation de leur modèle.

La fin de la guerre froide n'a pas permis, en plus de vingt-cinq ans, la fin des guerres entre les nations et les blocs. Et la notion de souveraineté territoriale est encore primordiale pour des États toujours plus menacés par des attaques internes ou globales, quand ce ne sont pas des confrontations entre des armées étatiques.

L'analyse conceptuelle

Un second paramètre d'analyse pour tracer les réformes et les transformations requises de la structure de la force publique et des fonctions des forces militaires de la Colombie, est la définition du post-conflit et des éléments que la doctrine a décrits comme essentiels pour leur régulation correcte et leur développement. En découle la nécessité de définir les éléments à prendre en compte dans le post-conflit colombien.

La notion de post-conflit

La notion de post-conflit est liée à une période d'une durée moyenne à longue qui suit la conclusion d'accords de paix par lesquels se termine un conflit armé interne. À cette dimension temporelle, aux différentes définitions que propose la doctrine[1],

---

[1] Effectivement, la littérature spécialisée associe l'idée de post-conflit avec un moment historique précis dans lequel il y a une absence ou une diminution visible des actions armées. *Cf.* Juan Esteban UGARRIZA, « La dimensión política del postconflicto: discusiones conceptuales y avances empíricos », *Colombia Internacional*, n° 77, 2013, p. 141-176, http://www.redalyc.org/articulo.oa?id=81226288006 (consulté le 12 octobre 2015). En tout cas, les définitions de la doctrine, en règle générale, se concentre en particulier sur les défis du post-conflit liés à l'idée de construction de la paix, et ce bien que

on préfère celle qui le post-conflit conçoit moins comme un moment historique déterminé précisément dans des situations de conflit armé interne que comme un processus dans lequel il est nécessaire d'adopter certaines mesures institutionnelles pour : (i) affronter et mettre définitivement fin aux circonstances qui ont donné naissance aux graves violations des droits de l'homme dans un contexte hautement conflictuel[1] ; (ii) construire la paix, définie par Boutros Boutros Ghali comme l'ensemble « des activités visant à individualiser et à appuyer les structures tendant à consolider la paix et à créer une situation de confiance et de bien-être du peuple[2] ».

Le post-conflit est donc un processus qui, bien qu'il ait pour cadre des contextes sociaux préexistants, est le produit d'une construction politique renforcée par le droit avec des soutiens institutionnels et budgétaires. C'est pourquoi l'ampleur ou l'étroitesse de la vision de post-conflit dépend en grande partie de l'appréciation des autorités constitutionnelles compétentes[3]. Son pouvoir dépendra de la Constitution qui la fonde, de la volonté politique qui prévaut et des conditions matérielles importantes qui décrivent l'environnement où seront appliquées

---

considérant le post-conflit comme un phénomène qui précède la construction de la paix (mécanismes pour éviter le retour aux conditions hautement conflituelles). Ainsi, par exemple, Johan Gatlung (1976) considère comme fondamentale la création de structures qui promeuvent une paix stable et durable en s'attaquant aux causes structurelles (*root causes*) des conflits violents. *Cf.* Organización de Naciones Unidas, *UN Peacebuilding: an Orientation*, http://www.un.org/en/peacebuilding/pbso/pdf/peacebuilding_orientation.pdf (consulté le 12 octobre 2015).

[1] *Cf.* Graham Brown, Arnim Langer et Frances Stewart, *A Typology of Post-Conflict Environments*, https://lirias.kuleuven.be/bitstream/123456789/330374/1/wp01.pdf (consulté le 12 octobre 2015).

[2] Boutros Boutros-Ghali, *An agenda for Peace*, ONU, A/47/277 - S/24111, http://www.un.org/es/comun/docs/?symbol=S/24111 (consulté le 12 octobre 2015).

[3] Le législateur et le constituant dans la Constitution en vigueur. En outre, avec la réforme constitutionnelle opérée par l'acte législatif présenté par le gouvernement, on a octroyé d'immenses pouvoirs au président de la République en matière d'initiative et d'adoption de mesures de garantie d'application des accords, question qui ne cesse de soulever des doutes du point de vue de la légitimité démocratique et constitutionnelle. *Cf.* http://www.altocomisionadoparalapaz.gov.co/Documents/proyecto-acto-legislativo-paz-2015.pdf (consulté le 12 octobre 2015).

les décisions adoptées et la situation des victimes, des personnes démobilisées, de l'État, de la société et de l'économie.

Comme élément factuel et politique à intégrer dans la conception du post-conflit comme processus et points de repère constitutionnels à soulever, outre les réglementations qui doivent être prises en considération dans ce processus de construction, la doctrine a souligné entre autres : i) les acteurs qui prennent part au processus ; ii) la reconnaissance du contexte particulier dans lequel il devra être mené à bien ; iii) la définition du type de processus de post-conflit qui doit être proposé, c'est-à-dire une analyse maximaliste – qui suppose le dépassement de causes structurelles[1] – ou minimaliste – par exemple une simple pacification avec la cessation des hostilités[2] ; iv) les modifications qui vont des institutions à la société selon les principes opérationnels que déterminent les circonstances de chaque État[3].

Or, en ce qui concerne la force publique, les mesures suivantes apparaissent comme des mesures fondamentales pour consolider le processus vers la paix :

1. La récupération du pouvoir coercitif comme monopole de l'État[4] ;

2. En conséquence, la garantie de la démobilisation de tous les acteurs armés qui peuvent entraver le contrôle effectif de la force à la charge de l'État ; et, bien entendu

---

[1] Repris par la section IV comme notion de post-conflit à prendre en considération pour la transformation de la force publique pour lui autoriser des facultés délibérantes. *Cf. supra.*

[2] *Cf.* Angelika RETTBERG et al., *Preparar el futuro: conflicto y post-conflicto en Colombia,* Bogotá, Universidad de Los Andes y Fundación Ideas para la Paz, 2002, p. 2.

[3] *Cf.* Neclâ TSCHIRGI, *Post-Conflict Peacebuilding Revisited: Achievements, Limitations, Challenges* (The Security - Development Nexus Program. International Peace Academy, The Peace Building Forum, 2004), http://www.operationspaix.net/DATA/DOCUMENT/5766~v~Post-conflict_Peacebuilding_Revisited.pdf (consulté le 18 octobre 2015).

[4] *Cf.* Ana María BEJARANO, « Conflicto y paz en Colombia: cuatro tesis con implicaciones para la negociación en curso », Versión Preliminar. Ponencia preparada para la conferencia « Colombia in Context », University of California, Berkeley, 2001, p. 18.

3. La consolidation des relations civiles-militaires saines et démocratiques dans lesquelles la soumission du pouvoir militaire à la société civile garantit la prévalence du régime juridique existant, des droits de l'homme et des droits civiques[1]. Comme développement de ce qui précède, apparaissent comme des critères spécifiques :

(iii.i) La démocratisation des discussions sur les relations civiles/militaires, c'est-à-dire la garantie de la participation active de la société à l'élaboration des politiques publiques, la surveillance citoyenne et d'autres modes de contrôle social sur les activités des forces armées[2],

(iii.ii) La soumission stricte des autorités militaires au pouvoir civil, qui inclut le renforcement de la transparence et l'obligation de rendre des comptes sur ces processus[3],

(iii.iii) Et en ce qui concerne les réformes de la force publique, l'établissement d'un cadre juridique clair et spécifique qui détermine les règles d'organisation et de fonctionnement des forces armées et de la police, de reconversion proprement dite, avec des mesures de nature diverse comme la réduction des effectifs, la réforme de la doctrine, *etc.*, et réduction des dépenses militaires[4].

(iii.iv) Dans les relations civiles/militaires renforcées, le développement de la coopération entre la société civile et les forces armées en tant qu'élément essentiel de la construction de la paix, ce qui implique l'articulation des missions assignées traditionnellement aux forces armées avec l'accomplissement de tâches associées avec les besoins vitaux, pour produire des

---

[1] *Ibid.*, p. 19.

[2] *Cf.* Viviana GARCÍA PINZÓN, *Reformas al sector seguridad en contextos de post-conflicto armado*, *op. cit.*, p. 3 et 4.

[3] Viviana García Pinzón note que « certaines forces de sécurité sans supervision et/ou corrompues peuvent constituer l'un des plus grands obstacles à la construction de la paix et contribuent à la reprise du conflit ». *Cf.* Viviana GARCÍA PINZÓN, *Reformas al sector seguridad en contextos de post-conflicto armado*, *op. cit.*, p. 2.

[4] *Cf.* Angelika RETTBERG et al., *Preparar el futuro: conflicto y post-conflicto en Colombia*, *op. cit.*, p. 2.

relations qui renforcent la reconnaissance sociale de la force publique en faveur de la communauté[1].

4. L'élaboration de politiques et de stratégies de sécurité interne fondamentales pour garantir la stabilité du processus de post-conflit, ainsi que la vérification de son efficacité dans l'exercice de ses opérations à travers la professionnalisation nécessaire du secteur de la défense et de la sécurité[2].

La notion de post-conflit signifie alors une transformation continue, des changements qui doivent être gérés dans la durée, à différents degrés et niveaux, pour que la société et ses institutions s'adaptent dans une large mesure, afin de coexister dans des conditions de normalité, de paix et des mécanismes ordinaires de contrôle et d'utilisation de la force publique.

Les spécificités du post-conflit colombien

Avec la résolution du conflit avec la guérilla des FARC, l'un des acteurs les plus actifs au cours des soixante dernières années, la Colombie franchit une (nouvelle) étape du post-conflit.

Dans le lent processus construit au cours de l'histoire par la société colombienne, on doit prendre en considération les causes pour lesquelles malgré les treize processus de paix qui ont été tentés durant les soixante dernières années, le conflit armé n'a pas reçu de solution définitive. Au-delà des causes et des explications historiques du conflit armé interne colombien[3],

---

[1] Comme cela a été été expérimenté en Bosnie-Herzégovine lors de l'application du Cadre de référence de l'Accord général pour la paix (*General Framework Agreement for Peace*) entre les travailleurs civils, chargés de reconstruire l'infrastructure de l'État après la guerre, et les forces qui assuraient la sécurité pour la réalisation desdites activités. Ainsi, non seulement on associe directement les forces armées aux tâches de défense dans la période de post-conflit, mais on leur permet d'être proches de la population civile afin de restaurer la confiance civique dans les institutions qui la composent, comme un élément transversal de la construction de la paix. *Cf.* Volker FRANKE, *The peacebuilding dilemma: civil-military cooperation in stability operations*, http://www.gmu.edu/programs/icar/ijps/vol11_2/11n2 FRANKE.pdf (consulté le 12 octobre 2015).

[2] *Cf.* Angelika RETTBERG et al., *Preparar el futuro: conflicto y post-conflicto en Colombia, op. cit.*, p. 2.

[3] Comisión Histórica del Conflicto y sus Víctimas, *Contribución al entendimiento del Conflicto Armado en Colombia*, https://www.mesadeconversacio

qui ont fait l'objet de nombreuses discussions, il s'agit d'analyser l'existence ou non de compromis politique et, en ce qui concerne les processus de démobilisation et de réinsertion, la neutralisation des liens spécifiques des groupes armés avec la société, l'État et les appareils productifs[1], la solution des conflits territoriaux et, plus généralement, des conflits relatifs aux terres.

Ainsi, bien qu'il soit clair que le processus de dialogue entre le Gouvernement national et les forces armées révolutionnaires de la Colombie (FARC) puisse être considéré comme le plus sérieux qu'a entrepris la Colombie durant toute son histoire[2], il convient de partir de la connaissance des expériences précédentes pour définir le concept et qualifier le post-conflit en tant que processus, et pour concevoir cet ensemble de décisions, d'activités et de transformations devant permettre la coexistence pacifique au sein de la communauté politique.

i) Il faut tout d'abord concevoir le type de post-conflit à mettre en place en fonction de la volonté politique qui s'est exprimée démocratiquement et de la conception du projet de coexistence pacifique que l'on prétend assurer et qui, dans tous les cas, doit garantir les conditions de développement économique pour les groupes et les communautés affectés par le conflit[3].

---

nes.com.co/sites/default/files/Informe%20Comisi_n%20Hist_rica%20del%20 Conflicto%20y%20sus%20V_ctimas.%20La%20Habana,%20Febrero%20de %202015.pdf (consulté le 11 octobre 2015).

[1] *Cf.* Angelika RETTBERG, *La participación del sector privado en la construcción de paz: inventario e identificación de algunos ejemplos ilustrativos*, http://escolapau.uab.cat/img/programas/derecho/webRSE.pdf (consulté le 12 octobre 2015).

[2] Alejo VARGAS VELÁSQUEZ, « Nota introductoria: del conflicto armado al posacuerdo o postconflicto », *in* Alejo VARGAS VELÁSQUEZ (ed.), *Transición, democracia y paz*, Bogotá, Centro de Pensamiento y Seguimiento al Diálogo de Paz, Universidad Nacional de Colombia, 2015.

[3] À ce sujet, Norbert Ropers a fait remarquer qu'il est également fondamental que durant la période de post-conflit, la situation socioéconomique des citoyens et de l'État s'améliore. Ainsi, les transitions doivent permettre de dépasser les effets défavorables que le conflit a sur l'économie et la consolidation de l'équité sociale, en attendant que le maintien de la stabilité économique durant ladite étape devienne envisageable. *Cf.* Norbert ROPERS, *Desarrollo de Paz, prevención de crisis y manejo de conflictos. Cooperación*

ii) De même, il s'avère indispensable de prendre en considération la poursuite des hostilités avec d'autres groupes armés comme l'Armée de libération nationale (ELN), ou la lutte contre les bandes criminelles dites BACRIM dont les actions sont une menace constante pour la population civile et la stabilité institutionnelle dans les régions sous leur influence[1]. De tels facteurs doivent être pris en considération dans l'élaboration des politiques pénales, mais aussi pour comprendre le rôle des forces armées dans le processus de post-conflit, parce qu'aux mesures destinées à consolider la paix avec un groupe déterminé s'ajoutent celles qui justifient leur forte intervention, comme force militaire et de combat.

iii) En ce qui concerne les réformes institutionnelles, en raison de leur importance dans le cadre d'une consolidation de l'édifice constitutionnel et législatif, les changements à introduire doivent être définis en fonction de l'organe ou de l'organisme à réformer et de l'hypothèse selon laquelle les transformations doivent viser l'accroissement de la capacité à prendre en charge des nécessités et des exigences immédiates, prochaines et futures dans le cadre du post-conflit[2].

L'analyse de l'autocomposition : la vision du secteur de la défense et de la sécurité

Un dernier critère d'évaluation réside dans la révision des mesures et des projets adoptés pour le secteur de la défense et de la sécurité durant les dernières années, en tant que formules d'adaptation et de préparation des institutions pour faire face

---

Técnica en el Contexto de Crisis, Conflictos y Catástrofes, Wiesbaden, Deutsche Gesellschaft für Technische Zusammenarbeit (GTZ), 2003. http://www.col.ops-oms.org/juventudes/noviolencia/DesarrolloPaz.pdf (consulté le 18 octobre 2015)

[1] Carlos Andrés PRIETO, « Las BACRIM y el crimen organizado en Colombia », *Friederich Ebert Stiftung, Seguridad, Policy Paper*, n° 47, 2013, http://library.fes.de/pdf-files/bueros/la-seguridad/09714.pdf (consulté le 18 octobre 2015).

[2] Jairo MORALES NIETO, *Esbozo de una estrategia postconflicto*, http://cider.uniandes.edu.co/@Eventos/Eventos/Evento_Postconflicto12-13-nov2013/CIDER%20%20Esbozo%20de%20estrategia%20post-conflicto1.pdf (consulté le 12 octobre 2015).

aux défis soulevés par le processus de paix avec la guérilla des FARC durant les négociations et dans le futur.

Cette référence est considérée comme d'une importance capitale étant donné qu'elle détermine, d'une part, la vision qu'ont les forces militaires de leur rôle et de leur place institutionnelle dans la transition et le post-conflit, d'autre part, les modifications effectives réalisées sur la structure du ministère de la Défense et des forces militaires et de police.

Ainsi, les *Mémoires au Congrès 2014-2015 : Bilan des tâches accomplies par le ministère de la Défense nationale entre juin 2014 et juin 2015, ainsi que l'état des affaires attribuées à ce ministère conformément à l'article 208 de la Constitution*[1] et la série de documents publiés par le ministère de la Défense nationale en 2015 sous le titre *Forces armées plus fortes que jamais* proposent une présentation claire du rôle qu'assument ou doivent assumer les forces militaires et la police.

1. La force publique fait le lien entre les stratégies de défense et de sécurité adoptées entre 2000 et 2008 et celles définies depuis 2009. Cela met en évidence l'objectif à atteindre, dont fait partie le processus actuel.

2. Depuis septembre 2011, le ministère, les forces militaires et la police nationale ont pris des mesures pour relever les défis présents et avenir au cas où un accord final serait signé avec les FARC[2].

---

[1] Ce rapport est structuré ainsi : I. Contexte stratégique pour assumer la direction du secteur de sécurité et de défense ; II. Conduite stratégique, institutionnelle et budgétaire : des forces armées pour le présent et l'avenir ; III. Plans pour une action décisive ; IV. Adaptation aux nouveaux défis de sécurité dans un contexte de négociation : l'affaiblissement définitif du terrorisme et la restauration de la sécurité citoyenne ; V. Plans pour la consolidation de la sécurité ; VI. En finir avec le terrorisme, faire plier le crime et se préparer pour la fin du conflit ; VII. Diplomatie pour la sécurité et la défense ; VIII. Sécurité juridique ; IX. Bilan de la gestion.

[2] « En septembre 2011, sur le fondement des principes d'éthique, de discipline et d'innovation, et à partir d'une vision stratégique sur l'échec des menaces et la transformation des forces armées pour répondre aux défis de l'avenir, le ministère de la Défense nationale est confronté à la tâche d'analyser dans le détail le nouveau contexte stratégique de la nation et de reformuler la stratégie générale de sécurité. À cet effet, il met en place un processus de révision qui donne lieu à une stratégie de sécurité intégrale, laquelle apporte des réponses

3. Pour le secteur de la défense, pendant la transition et la période post-conflictuelle, la présence et la participation de la force publique sont considérées comme essentielles. On distingue ainsi trois moments : le présent, la transition et le futur. Pour le présent, des défis « découlent du conflit armé, comme la présence d'organisations criminelles et de groupes armés organisés hors-la-loi, l'atteinte par ces groupes à la sécurité publique, citoyenne et nationale, et le climat de violence dans des régions spécifiques du pays où ils ont placé leurs arrière-gardes stratégiques et leurs zones de survie ». En outre, en période de transition, il faut tenir compte des dynamiques de changement devant « la possibilité de la fin négociée du conflit et les défis qu'impliquerait un éventuel post-conflit pour la force publique ». Enfin, concernant le futur, il faut envisager le « processus de transformation et de renforcement des institutions face aux défis et aux menaces identifiés par des analyses prospectives, et sur la base des capacités d'action que le secteur de la défense devait construire, développer et renforcer[1] ».

1. Le plan de transition, établi par le Commando stratégique de transition (COET)[2], est développé à travers quatre lignes :

---

aux menaces et aux défis qu'imposent le terrorisme, la criminalité et la défense de la souveraineté nationale. Ladite stratégie conduit au démembrement définitif des groupes armés hors-la-loi et des structures criminelles, à la reconquête irréversible de la sécurité et à la sauvegarde de l'intégrité territoriale, conditions nécessaires pour consolider la marche vers la prospérité et le développement pour la nation. » *Cf.* Ministerio de Defensa Nacional, Memoria al Congreso 2014-2015, *Balance de las labores cumplidas por el Ministerio de Defensa Nacional entre junio de 2014 y junio de 2015, así como el estado de los negocios adscritos a este ministerio conforme al artículo 208 de la Constitución Nacional*, *op. cit.*, p. 14.

[1] *Ibid.*, p. 15.

[2] Il convient de préciser sur ce point que, selon le document *Visión estratégica del sector de seguridad y defensa nacional* de 2015, le ministère de la Défense a conduit, depuis 2011, un processus de transformation du Secteur défense et sécurité destiné à « rendre les forces militaires plus fortes que jamais » (p. 13). À l'occasion du début du processus de paix avec la guérilla des FARC, a été constitué le « bureau consultatif du secteur de défense » chargé de « conseiller le commandement militaire et policier, le ministère de la Défense, l'équipe de négociation du gouvernement et le président de la République, sur les questions en négociation relevant du Secteur sécurité et défense » (p. 100). Avec l'avancée des discussions et la perspective d'un conclusion future des accords, en 2014, il est devenu le « bureau de transition » destiné à fournir des

« le cessez-le-feu et le désarmement, la démobilisation et la réinsertion (DDR), la justice transitionnelle, la mémoire historique ». Les deux premières déterminent « la participation des forces armées comme soutien fondamental au cessez-le-feu, le désarmement et la démobilisation des membres des groupes armés organisés hors-la-loi ». Les deux dernières concernent « la protection et la promotion des droits des membres des forces armée[1] ».

2. Pour l'avenir, « le processus de transformation et le futur des forces armées », formulés dans la perspective des années 2030, sont établis à partir d'« une planification des capacités » adaptée à la Colombie à partir de l'analyse de l'environnement local et en tenant compte de l'environnement global, en prévoyant des mesures relatives à « l'entraînement, la doctrine, l'équipement », et les budgets qui doivent accompagner leur mise en œuvre. Dans cette transformation, on doit prendre en considération trois étapes.

(a) La première étape vise à obtenir « la victoire à l'horizon d'un à cinq ans » et à « renforcer et soutenir les capacités pour mettre en échec les groupes armés organisés hors-la-loi et les bandes criminelles actives dans le pays ». On inclut aussi des mesures de sécurité et de coexistence des citoyens pour poursuivre la délinquance et garantir la tranquillité publique, l'accent étant mis sur les stratégies dissuasives et les mesures de défense contre les menaces « à l'intégrité territoriale et à la

---

« recommandations pour le renforcement de la participation des forces armées au développement du dialogue et à l'application future des accords de paix ». Durant la même année, a été constitué le « commandement stratégique de transition – COET », chargé de la direction, de la coordination et de l'intégration des « efforts sectoriels nécessaires pour une transition heureuse vers le post-conflit » (p. 100). Tant le commandement que le bureau sont considérés comme des « outils clefs pour garantir la permanence des forces armées comme acteurs clefs dans la consolidation de la sécurité et de la construction de la paix » (p. 101).

[1] Le document *Visión estratégica del sector de seguridad y defensa nacional* précise en effet les projets généraux visés : « *1. Renforcer la sécurité citoyenne ; 2. Garantir l'irréversibilité des avancées dans le contrôle territorial ; 3. Profiter et maintenir les capacités stratégiques du pays ; 4. Améliorer les niveaux de bien-être des membres de la force publique.* »

souveraineté », liées aux transformations dans l'accomplissement des fonctions de défense et de sécurité intérieure[1].

(b) La deuxième étape, à « un horizon de cinq à dix ans », développe « un modèle de force pour la transition en visant à consolider la paix ».

(c) la troisième étape « vise le futur », les années 2030 et le « but de la transformation », concept par lequel on a défini les secteurs principaux de la force publique selon les responsabilités constitutionnelles attribuées à chaque institution, à savoir la défense nationale, la sécurité publique, la coexistence et la sécurité des citoyens, la gestion du risque, la coopération, la protection de l'environnement et des ressources naturelles, la contribution au développement du pays, la gestion, le soutien et le développement de projets[2]. Cette approche est complétée par

---

[1] Un lien est établi entre le travail du Comité de révision stratégique et d'innovation (CRE-I 2) et le Comité de révision stratégique et d'innovation policière (CREIP2), qui visent à répondre aux défis posés par le « nouveau contexte stratégique de sécurité publique et de sécurité citoyenne », face aux acteurs armés illégaux et la délinquance croissante propre aux périodes de transition. *Cf.* Ministerio de Defensa Nacional, *Memoria al Congreso 2014-2015, Balance de las labores cumplidas por el Ministerio de Defensa Nacional entre junio de 2014 y junio de 2015, así como el estado de los negocios adscritos a este ministerio conforme al artículo 208 de la Constitución Nacional*, *op. cit.*, p. 75.

[2] « 1. Défense nationale : des actions destinées à protéger la souveraineté et l'intégrité territoriale dans les domaines terrestres, maritimes, fluviaux, aériens, spatiaux et cyberspatiaux devant n'importe quel type d'agression intérieure ou exterieure, conventionnelle ou non conventionnelle.

« 2. Sécurité publique : des actions destinées à garantir l'action la force publique sur l'ensemble du territoire national pour neutraliser et désarticuler les acteurs illégaux et leurs manifestations connexes, organisées sur le plan national et transnational, qui portent atteinte aux intérêts nationaux.

« 3. La cohabitation et la sécurité urbaine : des actions destinées à garantir les droits, la liberté, le développement social et le progrès humain, avec les efforts coordonnés avec les autorités politiques et administratives, qui satisfassent les besoins des habitants.

« 4. La gestion du risque : des actions pour contribuer à la prévention, la prise en compte et l'atténuation du risque de catastrophes au plan national dans le cadre du Système national de gestion du risque de catastrophes (SNGRD).

« 5. La coopération internationale : des actions pour renforcer les alliances stratégiques qui permettent d'apporter une réponse complète aux menaces, à travers l'échange de biens, de connaissances, de technologies et de meilleures pratiques en matière de sécurité et de défense.

un vaste exposé des plans de développement définis et par l'adoption pour les membres la force publique de mesures concernant la santé et la réadaptation comme priorité et ainsi que d'un plan de renforcement institutionnel.

(d) Comme outils opérationnels et de planification pour l'accomplissement des fonctions qui relèvent des forces armées, on envisage une nouvelle analyse stratégique, accompagnée de trois orientations qui cherchent à renforcer l'efficacité de la force publique à partir du modèle de planification fondé sur des capacités et des structures pensées sur le fondement des « nécessités à court, moyen et long terme, sur la base des principes de flexibilité, d'adaptabilité et de développement durable[1] ».

(e) Le « nouveau concept stratégique » de l'activité de la force publique est élaboré à partir de cinq lignes : « i) l'approche offensive[2], ii) l'approche défensive[1], iii) la position

---

« 6. La protection de l'environnement et des ressources naturelles : des actions, pour être utile, doivent s'appuyer sur les autorités environnementales, les collectivités territoriales et la communauté, dans la défense et la protection de l'environnement et des ressources naturelles renouvelables et non renouvelables, avec les fonctions et les actions de contrôle et de surveillance prévues par la loi.

« 7. La contribution au développement du pays : des actions dans des domaines comme le transport, la construction, les télécommunications et la technologie et l'innovation, qui permettent de promouvoir le rôle de la force publique dans le développement économique et social de la nation.

« 8. La gestion, le soutien et le développement prospectif : assurer des fonctions communes de direction, d'administration et de gestion dans le secteur de sécurité et de la défense pour le développement de l'infrastructure logistique, le développement technologique, la gestion du talent humain et les progrès de la connaissance, et garantir la légitimité des actions de la force publique. »

Cf. Ministerio de Defensa Nacional, *Memoria al Congreso 2014-2015, Balance de las labores cumplidas por el Ministerio de Defensa Nacional entre junio de 2014 y junio de 2015, así como el estado de los negocios adscritos a este ministerio conforme al artículo 208 de la Constitución Nacional*, *op. cit.*, p. 57-58.

[1] Ils sont le reflet de « quatre intérêts stratégiques principaux : i) la définition et le développement de plans souples d'adaptation rapide ; ii) l'assignation efficiente des ressources financières ; iii) la modernisation institutionnelle et les sciences et technologies ; et iv) le bien-être des membres de la force publique ».

[2] L'objectif offensif cherche à « continuer d'affaiblir les différentes organisations qui constituent des menaces pour la sécurité des Colombiens, en

dissuasive[2], iv) le moral et le bien-être, et v) le renforcement des institutions ». Ces lignes devraient être développées par l'ensemble du secteur de la défense, sur la base des principes « d'éthique, de discipline et d'innovation » et selon des critères d'« action conjointe, coordonnée et interinstitutionnelle ».

Les orientations prévues sont : l'orientation « stratégique » proposée pour faire face aux BACRIM et aux autres formes de criminalité qui subsistent, s'occuper des phénomènes découlant du changement climatique, maintenir et renforcer le positionnement international et la coopération de la force publique colombienne, et renforcer les capacités scientifiques et technologiques ; l'orientation « institutionnelle » qui, à partir de la modification de la structure du ministère de la Défense (décret 4890 de 2011), dicte le renforcement de la planification et de l'efficacité de l'activité des forces militaires ; enfin, l'orientation « budgétaire » qui part de l'hypothèse selon laquelle les ressources attribuées à la défense nationale et à la sécurité ont un « effet multiplicateur » sur la croissance et le développement social, en assurant l'irréversibilité des avances de l'État, la prise en compte de la possibilité de financer le mo-

---

particulier les groupes armés organisés hors-la-loi, les bandes criminelles, les organisations de crime organisé et de crimes de droit commun qui agissent principalement dans les centres urbains du pays » ainsi que leurs sources de financement.

[1] L'objectif de défense et de protection de la force armée est centré sur l'idée de « protection de la population, de contrôle du territoire, de protection des projets d'investissement et d'infrastructure, de protection du processus de restitution de terres et de réparation des victimes et de protection de la richesse biologique du pays ».

[2] La ligne stratégique dissuasive se fonde sur la Constitution (article 217), qui souligne que les buts primordiaux des forces armées impliquent le devoir de concentrer les efforts de la force publique « sur le développement et le maintien d'une autonomie des capacités stratégiques de la nation par lesquelles l'intégrité du territoire national est garantie, les ressources et les intérêts stratégiques de la nation sont protégés et, le plus important, le rayonnement de l'État est garanti dans n'importe quel domaine géographique en tant que moyen de protection des citoyens au niveau national et international ». Ministerio de Defensa Nacional, *Memoria al Congreso 2014 - 2015, Balance de las labores cumplidas por el Ministerio de Defensa Nacional entre junio de 2014 y junio de 2015, así como el estado de los negocios adscritos a este ministerio conforme al artículo 208 de la Constitución Nacional, op. cit.*, p. 27.

dèle et la garantie de la transparence de l'emploi des finances publiques par leur contrôle préalable assuré par des comités *ad hoc*.

Parmi les diverses équipes de travail qui ont été formées durant le processus de transformation proposé, on peut citer le « Comité de révision stratégique et d'innovation (CRE-I) », chargé d'élaborer « les recommandations à caractère stratégique, opérationnel et tactique » qui permettent d'adapter de façon novatrice le fonctionnement des forces « aux changements dans l'environnement stratégique ». Ressortent parmi les principes centraux ou directeurs de la mission, « l'intégration des efforts militaires et policiers à ceux d'autres ministères et agences de l'État », pour aligner les « efforts sectoriels » d'« action conjointe, coordonnée et interagences ».

Leur travail a notamment débouché sur les « Plans pour une action décisive » relatifs à la sécurité interne : « Épée d'Honneur » (2011-2012) et « Épée d'Honneur 2 » (2013), « Épée d'Honneur 3 » (depuis 2014), lesquels fixent une stratégie visant principalement à donner aux forces militaires les moyens d'affaiblir de façon décisive les FARC et l'ELN et sont « focalisé[es] sur le démantèlement de leurs structures armées et leurs réseaux de soutien », ainsi que le « démantèlement de leurs zones de base et la consolidation de ces territoires ». Ont également été adoptés le « Plan République » (2012) et le « Plan République Plus » (2013) pour la défense des infrastructures militaires. Enfin, ont été élaborés les plans « Cœur Vert » (2011-2012) et « Cœur Vert Plus » (2013), conçus par le Comité de révision stratégique et d'innovation policière (CREIP), en tant qu'« initiative stratégique et intégratrice dans une approche coresponsable, focalisée et différentielle » pour que soit assurée la fonction constitutionnelle de l'institution militaire. Dans les activités envisagées, on distingue celles destinées à protéger la population[1] de celles à caractère offensif visant à combattre le crime. On prend aussi en considération les plans de défense,

[1] La restitution de terres, le système intégré de sécurité rurale pour la prospérité, la lutte contre les délits informatiques, la sécurité routière, la coexistence et la sécurité citoyenne, la protection des populations vulnérables, la protection de l'enfance et de l'adolescence.

pour remplir les fonctions liées à la souveraineté et à l'intégrité territoriale[1].

(a) Il convient enfin de souligner la place importante qu'occupent les forces militaires et la façon dont le secteur de la sécurité et de la défense conçoit la transformation de la force publique, afin de remplir les missions de la « diplomatie pour la sécurité et la défense », fondée sur des alliances avec des pays et des blocs. Dans le même sens, il faut renforcer l'armée en tant que force coopérante, au regard de l'expérience et du savoir-faire acquis au cours du conflit armé.

(b) Sont aussi significatives les tentatives de maintenir le pouvoir de la force militaire, en termes d'accès à la meilleure technologie et de maintien des hauts niveaux de professionnalisme, afin qu'elles puissent accomplir leurs fonctions constitutionnelles.

(c) Enfin, la force publique envisage des transformations futures pour garantir une « sécurité juridique » et protéger la force publique en tant qu'institution et ses agents, à travers les lignes stratégiques de morale, de bien-être et de légitimité.

Ainsi, il est possible de conclure que la force publique est considérée comme indispensable, dans le présent comme dans la période de transition et de post-conflit et dans l'avenir[2], pour l'accomplissement des vastes missions de défense et de sécurité dans l'ordre interne et international. Dans cette même logique, les budgets de l'armée doivent être maintenus, afin de conserver son pouvoir opérationnel et d'assurer en outre, pour ses membres, la sécurité juridique et la protection qu'ils méritent après leur contribution aux négociations de paix, et à la stabilité et la longévité de la paix retrouvée.

---

[1] On met l'accent sur « une position dissuasive crédible contre toute tentative d'ingérence armée de la part d'un acteur étatique, non étatique, ou la combinaison des deux, ainsi que la poursuite de la lutte contre le crime transnational ».

[2] Le secteur de la sécurité et de la défense du pays a déjà précisé qu'à la lumière d'un accord éventuel de paix, la transition « requiert la participation effective des forces armées en tant que partenaire principal dans la construction d'un environnement permettant la pleine jouissance des droits des citoyens et la défense des conditions de sécurité obtenues après la fin du conflit ». *Cf.* Ministerio de Defensa, *Visión estratégica del sector de seguridad y defensa nacional*, Bogotá, Imprenta Nacional, 2015, p. 99.

Analyse d'ensemble. Les forces militaires dans le post-conflit : les ajustements entre les exigences et les aspirations de la force publique et la situation actuelle

Avec les quatre critères d'analyse – le critère juridique, le critère du droit comparé, le critère conceptuel du post-conflit et ses caractéristiques dans le cas colombien, et le critère de la vision propre à la force publique de l'éventuel scénario de paix –, il est enfin possible de tracer les lignes générales à partir desquelles doivent être conçues et adaptées les réformes requises dans leur structure et leurs fonctions.

Les transformations qui doivent être réalisées dans la force publique dans la transition et le post-conflit sont ici organisées autour du monopole de l'utilisation de la force, de la question de la structure de la force publique, de la séparation des fonctions et de la zone grise, des critères d'évaluation constitutionnelle pour la définition des fonctions des forces armées et de la restructuration de la force publique.

Le monopole de l'utilisation de la force

Le post-conflit colombien exige une transformation maximaliste. Les causes du conflit demeurent liées à des problèmes liés à l'accès à la propriété, la réforme agraire, et la protection de certains droits par rapport à d'autres. L'inégalité sociale et l'absence d'État et de services publics essentiels dans la partie la plus dépeuplée du territoire national sont des facteurs qui ne peuvent être évités dans le processus de formulation des mesures devant permettre de changer définitivement ce contexte qui a favorisé le conflit et les graves violations de droits de l'homme. Les décisions adoptées dans les accords, crédibles pour donner la priorité à ces questions, requièrent le développement, le compromis institutionnel, le financement, la responsabilité sociale du patronat et la coopération internationale.

Or, même si cette transformation structurelle n'a pas eu lieu, elle est éventuellement possible au regard de la pression de l'environnement global, la réforme urgente à réaliser, celle qui donne son sens à l'accord de paix, à la transition et au post-conflit, à la construction de la paix, à la confiance et au bien-être social, est celle qui détermine pour l'État la récupération et la conservation du monopole coercitif de la force militaire pour défendre l'indépendance nationale et les institutions publiques.

Comme l'a dit la Cour constitutionnelle, « tous les principes et valeurs constitutionnels vont dans le sens d'un renforcement du monopole de l'usage des armes aux mains de l'État, comme condition de la coexistence pacifique et démocratique[1] » et plus généralement d'un État de droit efficace[2].

Le point de repère constitutionnel que cela représente, bien qu'essentiel dans la transition et le post-conflit colombiens, n'est pas préfiguré comme un simple processus de « décantation » car les accords assurent la remise des armes par les acteurs directement liées à la guérilla mais ne garantissent pas que cela se produise avec les autres entreprises criminelles formelles et informelles qui ont financé le conflit et ont réalisé des bénéfices substantiels leur permettant de perdurer. Parvenir au monopole du pouvoir des armes nécessite, dans la transition et le post-conflit, de mettre effectivement la main sur les armes, d'assurer le maintien du rôle de la force publique dans la lutte contre les groupes et les organisations pouvant porter atteinte aux conditions fondamentales de l'ordre constitutionnel, à la coexistence pacifique et à la paix sociale.

Il faut donc accorder une place importante à l'interprétation que peut donner le secteur de la défense sur la présence des forces armées et de la police dans la transition et le post-conflit comme formule indispensable pour récupérer de manière définitive ce monopole si nécessaire à la stabilité de l'État et à son fonctionnement. Il faut accorder la même importance au raisonnement sur la question des modalités de la désescalade militaire durant la transition, et sur la manière dont on résout le conflit entre les finalités propres à la justice transitionnelle, les principes constitutionnels de la défense et l'ordre constitutionnel.

La structure de la force publique

Parmi les questions sur la structure de la force publique en période de post-conflit, la suppression des forces militaires constituerait sans doute une réforme par substitution de la

---

[1] Sentence C-038 de 1995, M.P. Alejandro Martínez Caballero.
[2] Sentence C-296 de 1995, M.P. Eduardo Cifuentes Muñoz.

Constitution qui serait disproportionnée, c'est-à-dire, d'une part, non justifiée, la Colombie ne remplissant aucune des conditions qui ont facilité cette détermination dès lors qu'elle possède une population nombreuse et un territoire étendu, d'autre part inadéquate en raison du haut niveau d'institutionnalisation, du renforcement et de la reconnaissance sociale des forces militaires, qui font que leur disparition constituerait une modification particulièrement préjudiciable de la structure de l'État et du pouvoir que représente la sécurité publique[1].

Mais la raison principale qui empêche la disparition des forces militaires est que, malheureusement, les accords de paix ne résolvent ni n'éliminent tous les foyers de violence que le conflit a semés dans la société et dans son fonctionnement, provenant d'autres groupes armés ou organisations criminelles qui se sont développés et renforcés à leur côté ou parallèlement. Il s'agit d'ennemis internes qui survivent après la fin du conflit et deviennent une nouvelle menace : le monopole de la force, la souveraineté, la sécurité des citoyens et la paix stable et durable, à travers la captation des processus électoraux, les emplois publics, l'exploitation des ressources naturels et des terres, facteurs de stabilité d'une Colombie en paix, pluraliste, efficace, à la fois redistributrice et durable, comme le prévoit la Constitution (articles 1er, 209, 334, 333, et 80).

En avançant de bonnes raisons budgétaires ou juridiques pour justifier l'élimination des forces militaires, on imposerait un renforcement important de la police, dans ses fonctions et de ses pouvoirs, pour développer des capacités qu'elle n'a pas et dont elle doit pouvoir disposer pour assurer les fonctions constitutionnelles liées à la force publique dans le contexte du post-

---

[1] Pour illustrer ce point, Oscar David Andrade remarque que « le soutien majoritaire aux forces armées serait matérialisé par les expressions du soutien de la société civile à leur tâche institutionnelle de combat des agents générateurs de violence. C'est un élément de la crédibilité de l'entité, ainsi que de la perception populaire de l'ensemble des vertus (honneur, courage, loyauté, droiture, respect) de l'organisation militaire et de ses membres ». *Cf.* Oscar David ANDRADE BECERRA, « Relaciones cívico-militares en Colombia: apuntes para un estado del arte », *Revista Análisis Internacional*, n° 6, 2012, p. 145-171, http://revistas.utadeo.edu.co/index.php/RAI/article/view/850 (consulté le 12 octobre 2015).

conflit colombien. En outre, il s'agirait d'une mesure inefficace car coûteuse et présentant peu de chances de donner des résultats positifs en termes d'un accomplissement plus complet ou meilleur des fonctions constitutionnelles de la force publique.

La séparation des fonctions et la zone grise

Une fois écartée l'élimination des forces armées à moyen terme, se pose alors la question de la nécessité de distinguer clairement les fonctions des forces armées de celles des forces de police, comme cela a été proclamé dans d'autres processus de transition après des conflits armés internes.

La dualité de la nature civile et militaire et les fonctions différenciées de chaque institution sont des conditions propres à la structure de la force publique dans l'État constitutionnel. Pour cette raison, comme nous l'avons dit précédemment, tant dans le système interaméricain des droits de l'homme que dans le système universel, on a souligné l'importance de différencier les fonctions attribuées aux forces militaires des fonctions civiles que doit assumer la police.

La sécurité interne est un moyen de « prévenir le crime ou, à défaut, [de] le punir », sur le fondement du Code pénal, des codes de police et toutes les normes législatives qui déterminent l'action de la police dans la vie ordinaire de la société à l'intérieur d'un État. La défense de la souveraineté et de l'ordre constitutionnel, comme devant répondre à des attaques contre l'intégrité de l'État ou son territoire[1] », liés « aux risques émanant de forces étrangères », est soumise aux dispositions de la charte des Nations unies, des Conventions sur la conduite des hostilités, du droit international humanitaire, des normes du droit applicable et du Code militaire et pénal militaire[2].

Dans la mesure où ces deux plans de fonctionnement de la force publique peuvent être distingués, la dualité doit être pré-

---

[1] Rut DIAMINT, *Defensa, seguridad y Estado de Derecho*, http://www.flacsoandes.edu.ec/libros/digital/39775.pdf (consulté le 18 octobre 2015) p. 107.
[2] *Ibid.*.

servée, afin de consolider des relations civiles-militaires saines et démocratiques[1].

Cependant, les fonctions constitutionnelles que remplissent les forces armées ne sont pas aussi simples que celles qui distinguent le soldat qui combat un groupe armé ou les possibles incursions d'armées étrangères du policier qui règle la circulation dans les rues ou qui agit en cas de troubles à l'ordre public ou de délits de droit commun. En effet, la force publique en Colombie, selon la Constitution, le droit constitutionnel dérivé et son application, agit dans des domaines présentant une ambiguïté majeure, qui ont été définis comme la zone grise, reconnue non seulement en Colombie, mais aussi en Amérique latine, à l'exception du Chili et de l'Argentine. Toutes les situations « dépassent le rôle de la police » et soulèvent la question du rétablissement de la sécurité intérieure pour lequel il est possible d'employer les forces armées[2].

Une bonne partie de la zone grise correspond à l'existence du conflit armé interne. Toutefois, comme cela a été envisagé, le fait de conclure un accord de paix avec les FARC et d'obtenir une démobilisation de leurs membres, leur désarmement et leur réinsertion dans la vie civile ne va pas pour autant faire disparaître les foyers de violence, l'insécurité juridique ou la domination illégitime de groupes armés sur les communautés. On parle ici des BACRIM, des entreprises minières illégales, du trafic de drogues et de toutes sortes de criminalités organisées qui continuent à agir dans le contexte social, dont la présence et le pouvoir indéniables justifient l'activité des forces militaires dans des fonctions de sécurité intérieure.

Il ne faut pas écarter le fait que le schéma institutionnel idéal serait celui dans lequel l'action militaire dans les communautés serait minimisée, une telle situation se rencontrant quand les situations de combat effectif ou de menace de conflit ont été minimisées, d'où la préférence pour « un pouvoir policier » « de caractère simplement préventif et (...) relativement faible

---

[1] *Cf.* Ana M. BEJARANO, « Conflicto y paz en Colombia: cuatro tesis », *op. cit.*, p. 19.

[2] *Cf.* Gabriel AGUILERA, « Las relaciones cívico militares en el Estado democrático », *op. cit.*, p. 4.

quant à son pouvoir de guerre », toujours pour garantir « de meilleures conditions pour protéger la liberté des citoyens ». Il s'agit d'instaurer un État où la sécurité interne est garantie par une force de police professionnelle, technicisée, à la hauteur des menaces des nouveaux temps, capable d'assurer par l'exercice de sa fonction civile de prévention des conditions de stabilité et de maintien des institutions, des marchés et des économies, et du respect de la légalité et des droits comme culture commune de la force publique et de la société[1].

On pourrait définir comme objectif à moyen terme que les missions des forces militaires liées à la sécurité intérieure soient « temporaires, non permanentes, d'appui aux forces de police, effectuées sous le contrôle des autorités civiles et la soumission à la législation civile[2] », avec l'identification de domaines exclus qui ne doivent pas être attribués dès lors que ce n'est pas indispensable et que la police peut l'exécuter[3].

Tout doit tendre vers cela, vers le développement d'une société totalement pacifiée, où l'atteinte à la sécurité interne et à l'ordre constitutionnel peut être combattue par une force publique civile soutenue par d'autres autorités et qui agisse de

---

[1] De cela découle la « différence substantielle » entre la police et les forces militaires, qui se reflète dans les buts constitutionnels attribués à chacune. Pour la première, « maintenir les conditions nécessaires de l'exercice des droits et des libertés publiques à travers une activité nettement plus préventive que répressive, tandis que les forces militaires se réfèrent au concept de la milice ou du militaire, qui a été défini depuis toujours comme le service ou la profession du militaire, c'est-à-dire de servir dans la guerre ou pour la guerre, avec la soumission à un régime strict de discipline et une hiérarchisation des fonctions ». *Cf.* Wilson HERRERA LLANOS, « La rama ejecutiva del poder público », *Revista de Derecho*, n° 21, 2004, p. 271.

[2] Narcís SERRA, « El control de las Fuerzas Armadas en la transición democrática », *in* Rafael MARTÍNEZ (ed.), *La seguridad desde las dos orillas. Un debate entre Europa y Latinoamérica*, *op. cit.*, p. 33.

[3] Narcís Serra estime que constitue une limite infranchissable pour les forces militaires dans le développement de leurs missions le fait de « réaliser des actions qui exigent ou justifient des tâches de renseignement intérieur, de surveillance ou d'information sur les citoyens », lesquelles relèvent de la police. *Cf.* Narcís SERRA, « El control de las Fuerzas Armadas en la transición democrática », *op. cit.*, p. 33. Cette restriction semble être de moins en moins assurée, dans la mesure où les tâches de renseignement sont considérées comme indispensables pour l'accomplissement des diverses tâches, y compris de celles de défense.

façon préventive et répressive contre les infractions[1]. Et si la paix est assurée, on doit arriver à ce résultat. On devra déterminer comment et quand avancer vers une force publique où la sécurité interne est substantiellement protégée par des corps de police, ce qui suppose une volonté de réforme et la prise en compte des besoins et des capacités existants.

Toutefois, on n'envisage pas, dans un futur proche et à long terme, un ordre public qui permette une réduction des forces militaires, car une telle mesure ne serait pas proportionnelle aux menaces qui planent sur les principes constitutionnels pour toujours garantir, en particulier dans les processus de consolidation de la paix interne, l'intégrité du territoire national et de l'ordre constitutionnel, la recherche de la coexistence pacifique et la protection des droits de l'homme, notamment des victimes.

Pour le reste, avant d'être réduite, la zone grise s'est étendue avec les missions qu'ont assurées les forces militaires en dehors du conflit armé. Il s'agit des missions associées à la satisfaction des besoins de la population, à la reconstruction des infrastructures, à la fourniture de services essentiels et à la protection des biens ou des ressources dont dispose l'État.

La détermination de la zone grise a correspondu tant à l'adoption de modèles de travail face aux exigences imposées par l'environnement et aux capacités acquises qu'à des décisions adoptées dans le cadre des relations internationales[2]. Il ne s'agit pas donc de tâches que les forces militaires peuvent rem-

---

[1] Ce n'est que dans un tel scénario qu'il faudrait vérifier si la structure duale de la force publique est toujours indispensable ou si, au contraire, son organisation dans le cadre d'une seule institution n'améliorerait pas les niveaux de gouvernabilité et d'efficacité de l'emploi des ressources, sans négliger l'application des doctrines, des protocoles, des règles et des principes de comportement spécifiques, en fonction de la tâche à réaliser, du type d'action sur la population civile, et des droits qui sont affectés.

[2] Les relations sont consolidées dans des décisions de nature distincte, comme des traités, des accords ou des conventions de coopération technique. *Cf.* sentences C-1293 de 2001, M.P. Marco Gerardo Monroy Cabra, et C-239 de 2006, M.P. Jaime Córdoba Triviño. Parmi les traités, il faut souligner l'accord entre la République de Colombie et l'Organisation du traité de l'Atlantique nord sur la coopération et la sécurité de l'information », approuvé par la loi 1734 de 2014, laquelle, dans la sentence C-337 de 2015, M.P. Myriam Ávila Roldan, a été déclarée inapplicable pour vice de procédure.

plir dans le seul but d'estomper la différence avec les fonctions de police pour assurer l'ordre social, dans la mesure où, en période de transition et de post-conflit, le rôle des forces militaires en la matière peut être plus justifié, adapté et nécessaire que dans d'autres circonstances, du fait de la connaissance, de l'expérience et de la capacité de l'armée de garantir des conditions de vie basiques, avec un rôle particulier en faveur des populations les plus touchées par les violences causées par le conflit, c'est-à-dire dans les régions où vivent victimes et les rebelles démobilisés et où les forces militaires seront les mieux à même d'assurer la coexistence et les relations humaines pacifiées au sein de la société civile.

Les critères constitutionnels et la définition des fonctions des forces armées

L'État colombien et les autorités appelées à prendre des décisions relatives à la transition et au post-conflit doivent-ils continuer à travailler pour parvenir à une séparation normative et effective radicale entre la police et les forces militaires, de telle sorte que ces dernières ne puissent plus participer à la protection de la sécurité intérieure, ni au développement de missions différentes des fonctions classiques de défense de la souveraineté, de l'indépendance du territoire et de la garantie de l'ordre constitutionnel face aux menaces externes ?

Cela ne semble pas être une mesure justifiée, appropriée et nécessaire. Il ne semble pas non plus que l'on puisse réduire le rôle des forces militaires afin que soient assurés les devoirs constitutionnels de protection d'une coexistence sociale tellement touchée et affectée par le conflit[1]. L'organisation « des relations entre l'appareil étatique et les gouvernés » réalisée par la force publique, qui doit être toujours assurée, et à plus forte raison dans de tels processus, est I) ce qui préserve la supréma-

---

[1] Pour cette raison, Lorenzo Cotino Hueso estime qu'« un principe de séparation des forces de police et des forces militaires peut être revu et [que] l'efficacité de l'emploi des ressources – particulièrement peu abondantes en Amérique latine – peut recommander que cette séparation ne soit pas si nette, ou en tout cas avec diverses précautions ». Lorenzo COTINO HUESO, « Supremacía y control civiles », *op. cit.*, p. 52.

tie de l'ordre civil, II) la définition d'un système de sécurité et de défense dans lequel on favorise la décision des autorités politiques, III) dans les limites de la légalité avec la soumission au droit pour l'exercice des fonctions de force publique, IV) et la soumission à la légalité dans les autres missions qui lui sont confiées, V) avec un emploi économique, efficace, durable des ressources de l'État, dans le cas présent des ressources de la force publique, VI) avec le déploiement d'un système intégral et efficace de contrôles, et VII) naturellement, avec une protection large, différenciée et efficace des droits de l'homme.

La suprématie du pouvoir civil

La présence nécessaire de la force publique dans le but de récupérer de manière définitive le pouvoir coercitif des armes, et le développement d'un État constitutionnel qui prétend ériger un ordre juste de transition et de post-conflit, nécessite d'inclure dans une telle activité un renforcement de la préservation des relations civiles pacifiées, pour soumettre au droit les institutions de la force publique, à travers des décisions politiques du Président ou des autorités démocratiques, en vertu des compétences constitutionnelles établies[1]. Sans méconnaître la nécessité de considérer une possible participation au projet institutionnel de la transition et du post-conflit, il s'agit d'éliminer tout pouvoir de décision dépourvu de règles juridiques qui soumettent la force publique à la rationalité de l'État démocratique et social de droit en lui imposant la justification, la transparence et le contrôle de ses actes.

---

[1] Cette suprématie du pouvoir civil sur le pouvoir militaire se manifeste, selon la sentence C-048 de 2001 de la Cour constitutionnelle, par l'attribution au Président de « la direction de l'administration militaire et des politiques de défense de l'État », par laquelle « il exerce son autorité pour ordonner, coordonner, diriger l'action de la force publique, définit des grands projets de politique militaire et détermine la présence ou le retrait des troupes sur tout le territoire colombien (...). Il en va de même avec « l'octroi à l'exécutif de certaines compétences pour déterminer la structure, l'organisation et la direction de la force publique », et la séparation traditionnelle et la subordination conséquente entre les pouvoirs civil et militaire. Cour constitutionnelle, sentence C-048 de 2001, M.P. Eduardo Montealegre Lynett.

Pour cela la doctrine souligne l'importance de renforcer les décisions politiques et juridiques prises « par l'exécutif et avec le soutien du pouvoir législatif chaque fois que cela est possible » sur les limites de l'activité de la force publique, notamment des forces militaires dans l'accomplissement de leurs fonctions ordinaires et nouvelles liées à la sécurité intérieure[1].

En ce sens, la suprématie civile signifie que le pouvoir de décision politique qui encadre l'exercice de la force publique est confié à des autorités civiles, indépendamment des missions et des tâches attribuées.

Le système de défense et de sécurité

Une concrétisation principale de cette subordination au pouvoir civil se retrouve dans l'établissement d'un système de défense et de sécurité. Dans ce cadre, la participation des pouvoirs publics, en particulier de l'exécutif et du Congrès, dans le cadre du principe de séparation et de collaboration harmonieuse des pouvoirs, est appelée à être préservée, malgré l'urgence que représente la transition[2], parce qu'ainsi est garanti le principe démocratique (articles 1er et 3 de la Constitution)[3].

Les transformations de l'environnement et les nouveaux défis qui sont posés en ce qui concerne la défense et la sécurité dans la transition démocratique et le post-conflit nécessitent un cadre juridique et opérationnel conçu pour la multiplicité des fronts et des contextes qui se présentent, et pour les mesures que réclame l'intervention des forces armées, dans les zones frappées par le conflit, dans les communes, les grandes villes,

---

[1] Ainsi est réalisé « un contrôle civil sur les forces armées », découlant de la décision des autorités qui, étant le « produit de la volonté électorale, sont celles qui peuvent prendre les décisions fondamentales en relation avec les politiques de l'État, y compris celles qui ont trait à la défense nationale et que les institutions militaires doivent respecter cette volonté et les mettre en œuvre sur le plan technique ». *Cf.* Gabriel AGUILERA, « Las relaciones cívico militares en el Estado democrático », *op. cit.*, p. 4.

[2] D'où l'importance de sa préservation malgré les procédures établies par l'acte législatif destiné à faciliter l'application du nouveau cadre juridique pour la paix avec la guérilla des FARC.

[3] Cour constitutionnelle, sentence C-251 de 2002, M.P Eduardo Montealegre Lynett et Clara Inés Vargas Hernández.

où sont menacés des intérêts ou des biens publics dont la préservation est nécessaire à l'intérêt général, un système normatif dans lequel on établit avec clarté les stratégies et les finalités de l'utilisation défensive ou préventive de la force publique, et dans lequel on précise les responsabilités reconnues aux militaires et aux policiers dans les opérations contre les nouveaux ennemis qui, sans être des insurgés armés, menacent la souveraineté et la sécurité interne de l'État colombien. La responsabilité ne dépend pas de la qualification institutionnelle, mais de la nature militaire ou civile des fonctions exercées qui comportent une plus ou moins grande soumission à la discipline, afin de préserver les droits des associés et d'offrir la sécurité juridique aux membres de la force publique.

« Ainsi, il peut être parfaitement acceptable que la force militaire soit employée contre le terrorisme, sous la direction complète et le contrôle des autorités civiles, tandis qu'il est totalement inadmissible que les forces militaires décident de façon autonome quand l'indépendance nationale est en péril[1] ». Ainsi, on renforce la « stabilité démocratique », en posant le principe d'« une relation de pouvoir qui (...) oblige les institutions militaires à accepter un rôle subordonné à la politique[2] », et en décidant que la police assume des tâches conjointement avec les forces militaires, avec la discipline et le professionnalisme qu'offre une pleine coordination dans la réalisation des objectifs protection et de rétablissement de la sécurité publique[3].

---

[1] *Cf.* Lorenzo Cotino Hueso, « Supremacía y control civiles de la defensa », op. cit., p. 75.

[2] *Cf.* Rut Diamint, « Defensa, seguridad y Estado de Derecho », *op. cit.*, p. 106.

[3] Se référant à la police et aux fonctions de nature militaire qu'elle assure, Pablo Casas Dupuy soutient que « soit on élimine définitivement le régime de caractère militaire dans la police et on "civilise" sa structure et ses formes d'action, en en faisant réellement une police de caractère civil », soit on redéfinit le modèle de sécurité, ceci dans le but de « transférer aux forces militaires le personnel de la police qui accomplit des fonctions militaires », et de compenser ladite perte par la « création de forces de police régionales ou locales, consacrées exclusivement à l'exercice de la fonction de police en matière de délinquance de droit commun, à la cohabitation, et à la régulation des activités dans l'espace public ». Ainsi, les unes seraient sous la conduite

Des raisons constitutionnelles liées aux caractéristiques des processus de transition et de post-conflit en général, et en particulier du cas colombien, expliquent et justifient une recomposition, non dans la structure, mais dans l'exercice de la fonction constitutionnelle de la force publique, par laquelle on transforme la zone grise en un système de coopération et d'interactions plus solide et répondant aux nouveaux défis et aux menaces contre la souveraineté et la sécurité interne de l'État, avec des fonctions de guerre dans lesquelles on ne recourt pas à la justice transitionnelle, et des fonctions de paix, par rapport à la société, aux victimes et à ceux qui recourent à la justice transitionnelle.

La soumission à la légalité dans l'exercice des fonctions coercitives de l'État et de transition vers le post-conflit

Outre la définition fondamentale qu'établissent les autorités civiles, il est indispensable que soient produites, dans une définition normative qui transforme la doctrine militaire en fonction de sécurité interne proprement dite confiée aux forces militaires, des normes opératoires qui dépassent la doctrine de lutte contre les insurgés qui, aujourd'hui, est, soit insuffisante, soit inadéquate, et qui prennent en considération les tâches à assumer pour faire face aux nouvelles menaces et aux ennemis qui peuvent miner le contrôle effectif des forces armées par l'État, en définissant des formules opératoires et tactiques encouragées par un système de contrôles prudent et précis, vu leur « capacité énorme de destruction (…) et leur connotation offensive ou défensive envers les territoires ou les institutions[1] ».

Sont également indispensables des développements normatifs et procéduraux au sein des forces armées, pour remplir la fonction de protection des personnes démobilisées, dans les-

---

du ministère de Défense et les autres sous celle du ministère de l'Intérieur ou du gouvernement. *Cf.* Pablo Casas Dupuy, « Reformas y contrarreformas en la Policía colombiana », http://pdba.georgetown.edu/Security/citizensecurity/Colombia/evaluaciones/reformasycontrarreformas.pdf (consulté le 19 octobre 2015).

[1] Cour constitutionnelle, sentence C-453 de 1994, M.P. Eduardo Cifuentes Muñoz.

quels on prévoit des systèmes opératoires qui garantissent la vie et l'intégrité des membres du FARC qui remettent leurs armes et réintègrent la vie civile, et dont la mise en œuvre constitue aussi un fondement essentiel de la préservation de la paix.

La soumission des autres missions à la légalité

La primauté du droit et de l'autorité civile sur les forces armées doit en outre s'accompagner d'une série de mesures qui garantissent la pleine soumission de leurs missions et de leur intervention dans le fonctionnement dans la société aux principes et aux buts constitutionnels à atteindre et aux normes législatives qui les définissent.

L'ingérence des forces militaires dans la vie sociale pour assurer la présence de l'État ainsi que pour participer aux activités qui assurent des conditions de base d'existence des populations les plus touchées par le conflit nécessite sa prise en compte par des dispositions constitutionnelles et le développement de normes législatives qui établissent des objectifs, des fonctions et des moyens. Il s'agit d'une concrétisation du principe de légalité qui définit la portée et la nature des autres missions, à la fois selon les mandats supérieurs mais aussi selon « la réalité de leurs interventions et de l'importance politique, sociale et économique de ces dernières » et « la réalité et de la pratique politique, militaire et administrative[1] ».

Dans la définition constitutionnelle des réformes transitoires destinées à disposer d'un cadre normatif pour la paix, il conviendrait donc d'introduire de telles missions afin de renforcer leur légitimité et le cadre juridique de l'activité des militaires. À défaut, la législation et l'interprétation du juge constitutionnel pourraient servir à reconnaître, non seulement le cadre juridique qui ordonne et oriente ces tâches des forces armées dans l'accomplissement des fonctions de défense de la souveraineté, du territoire et de l'ordre constitutionnel, mais aussi la garantie des conditions nécessaires pour l'exercice des droits et des libertés publiques et de la coexistence. Il est alors très important de définir le cadre légal des autres missions des forces armées,

[1] *Cf.* Lorenzo COTINO HUESO, « Supremacía y control civiles », *op. cit.*, p. 75.

dans lequel sont définis quand et comment de telles interventions sont justifiées, lesquelles sont appropriées et nécessaires pour atteindre de meilleurs résultats dans l'accomplissement de tels objectifs constitutionnels, et quels sont les critères à partir desquels on peut évaluer leur pertinence ou leur correspondance avec des objectifs reconnaissables et mesurables, en fonction des compétences et des capacités des forces militaires[1].

Approfondir cette soumission de ces missions à la légalité requiert la définition juridique de la nature de l'action des forces militaires. En principe, il serait inconstitutionnel de poser que les forces armées peuvent altérer leur condition de militaires soumis à une discipline militaire rigide qui encadre complètement leur activité. Cependant, cette condition, qui ne peut organiquement être méconnue, pourrait être altérée du point de vue de l'activité qui est assurée au service de la communauté et des biens publics et des droits et intérêts collectifs, dès lors qu'elle représente une fonction de caractère plus administratif et, en tout cas, de police, comme force armée de caractère de caractère civil[2].

---

[1] Un exemple particulièrement parlant de l'absence de régulation légale suffisante est donné par la fonction de gestion des catastrophes. Il est certain que, dans la loi 1523 de 2012, selon laquelle « la politique nationale de gestion du risque de catastrophe est établie par le Système national de gestion du risque de catastrophes (…) », ladite gestion répond entre autres à la finalité constitutionnelle de sécurité (articles 1er et 2) et faisant partie des instances d'orientation et de coordination du système, il existe un « Comité national pour la gestion des catastrophes en tant qu'instance interinstitutionnelle du système national qui conseille et planifie la mise en œuvre permanente du processus de gestion des catastrophes avec les entités du système national », dont font partie le commandant de l'armée nationale ou son délégué, le commandant de la marine, le commandant de la force aérienne colombienne ou son délégué et le directeur général de la police nationale ou son délégué (article 24 alinéa 2-6). Malgré tout, dans cette réglementation, aucune référence n'est faite, ni aux domaines de compétence, ni aux conditions, à l'opportunité de la mise en œuvre des forces militaires, face aux autres autorités administratives nationales et locales chargées de gérer les mêmes questions.

[2] Disparaît le critère de l'ami-ennemi que Francisco Leal Buitrago présente comme structurant la réflexion et l'action des forces militaires. *Cf.* Francisco LEAL BUITRAGO, « Postconflicto y fuerza pública en Colombia », *in* Alejo VARGAS VELÁSQUEZ (ed.), *Transición, democracia y paz*, *op. cit.*, p. 172-173.

Il s'agit de reconnaître un caractère civil aux différentes missions de défense et de sécurité intérieure au sens strict, comme en ce qui concerne des œuvres civiles et de reconstruction, des opérations de construction d'infrastructures, d'approvisionnement et de secours aux populations dans des situations de catastrophes naturelles, ou de protection des biens publics ou d'intérêt général, parce que, dans de telles hypothèses, la nature militaire de la fonction, au niveau de sa soumission à une discipline et à un commandement de cette nature, ne correspond pas aux buts visés. Il en va différemment lorsqu'il faut savoir s'il s'agit d'une fonction de nature civile, de renforcement des mécanismes de protection des droits et d'autres mandats constitutionnels significatifs, de la satisfaction de l'intérêt général et des principes qui régissent la fonction administrative.

En ce qui concerne les missions relatives aux relations internationales, qui trouvent leur fondement dans des traités, les procédures de signature, d'approbation et de ratification doivent respecter l'ensemble des principes constitutionnels prévus, par le biais des contrôles politiques opérés par le président de la République lors des négociations ou de la signature et le législateur lors de l'approbation, et le contrôle intégral et préalable de constitutionnalité réalisé par la Cour constitutionnelle. Maintenir et renforcer les missions et, par conséquent, la présence des forces militaires dans des missions de coopération étrangère pour lesquelles elles sont requises, ou pour répondre à certains problèmes ou à certains besoins de sécurité intérieure, ne doit pas être justifié dans le simple but de maintenir l'importance de la présence, du pouvoir et des ressources des forces armées.

La définition des objectifs des missions attribuées dans le cadre des relations internationales, dans les domaines d'action à l'étranger, doit être justifiée le plus largement possible par la recherche des meilleurs résultats possible en matière de protection de l'ordre constitutionnel, des intérêts nationaux et des droits de l'homme.

Une force publique qui agit selon des critères d'économie et d'efficacité en fonction des moyens financiers peu abondants

La conception d'une politique de sécurité permettant la participation des forces armées et l'attribution de missions relatives à la satisfaction de besoins vitaux et d'objectifs stratégiques sont constitutionnellement acceptables dès lors qu'elles répondent à des principes qui fondent la gestion fiscale, à savoir l'efficacité, l'économie, l'équité et l'évaluation des coûts environnementaux (article 267 de la Constitution) et au critère de la durabilité, sur le plan fiscal, de l'emploi des moyens financiers de l'État.

Au contraire, quand les résultats obtenus sont trop insuffisants au regard des moyens financiers engagés, de la répartition de la charge sur la population et de l'impact des actions sur les ressources naturelles et l'environnement, ou quand dans la définition des coûts et des investissements ne tient pas compte des moyens financiers de l'État, leur validité formelle est remise en cause.

Devant les coûts élevés que représentent pour l'État les processus de transition et de post-conflit, la rationalité économique et le critère de l'efficience servent à justifier et à définir l'aptitude et même la nécessité du « concept stratégique, opérationnel et tactique » établi par le Secteur sécurité et défense, au moyen de « l'intégration des efforts militaires et policiers à ceux d'autres ministères et agences de l'État » pour aligner les « efforts sectoriels » et l'« action conjointe, coordonnée et "interagences" », ou pour déterminer le développement de stratégies séparées.

Cela constitue en outre un fondement constitutionnel pour justifier les mesures que l'État met en œuvre pour remplir les fonctions de défense et de sécurité, et conserver et mettre à niveau les moyens technologiques et professionnels de chaque force, en fonction de l'attribution durable et correcte des moyens humains, financiers et matériels.

En ce qui concerne les autres missions attribuées aux forces armées, à court terme, il n'est pas envisageable d'exclure leur accomplissement puisqu'en plus des raisons substantielles que nous avons signalées, elles sont déterminées par les principes d'efficacité et d'économie dans l'emploi des ressources disponibles.

Cependant, à moyen et à long terme, il est raisonnable d'envisager de transférer des tâches de soutien à la communauté et de construction d'ouvrages et d'infrastructures publics vers les agences et les autorités administratives ou la police, car elles sont par nature destinées à être réalisées en périodes normales. Les intérêts corporatifs et l'objectif de préserver l'autonomie, bien qu'explicables, ne sont pas des arguments suffisants pour justifier, dans la durée et dans des contextes différents, le maintien des missions sociales et économiques qui ne sont pas propres aux forces militaires.

Les missions de coopération militaire méritent un traitement différencié puisque, dans la définition des obligations qui incombent à l'État, on doit considérer qu'elles répondent non seulement aux impératifs d'internationalisation des relations politiques (article 226 de la Constitution), mais aussi à ceux de l'emploi économique, efficient et durable des ressources peu abondantes dont dispose l'État pour la force publique, la coopération étant clairement bénéfique pour les intérêts nationaux.

La mise en place et l'application de contrôles efficaces

Mais la soumission à la légalité, l'élaboration d'une doctrine cohérente et d'un droit applicable et la légitimation expresse des missions ne seraient pas suffisantes sans l'existence de contrôles effectifs qui assurent le respect des devoirs, des limites et des objectifs et les buts poursuivis en ce qui concerne une protection effective des principes juridiques qui doivent être protégés tout particulièrement. En période de transition et de post-conflit peut-être plus que jamais, la tâche la plus importante consiste en la définition ou l'application de contrôles sérieux par lesquels on garantit que les dispositions juridiques conditionnent la participation de la force publique et, en particulier, des forces militaires, à la construction sérieuse et déterminée de la paix et des autres finalités de l'État social de droit.

Il convient pour cela de revoir le fonctionnement des contrôles politiques, administratifs, disciplinaires, de la gestion et des résultats, afin de renforcer les pouvoirs parlementaires, non seulement sur le ministre de la Défense, mais aussi sur les forces armées, de favoriser la vérification du respect des principes qui régissent la fonction publique et, dans ce cadre, d'adapter les missions de caractère social prévues pour que l'action des forces armées soit soumise aux principes de la fonction militaire et pour atteindre les objectifs qui ont justifié l'attribution de la mission de sécurité ou des missions d'autre nature, selon des critères de garantie, coordonnés et efficaces.

Sans de tels contrôles, les arguments qui ont fondé la redéfinition de la force publique et des buts primordiaux qu'elle doit remplir en faveur de la réalisation de fonctions parfois séparées, parfois partagées, perdent leur validité, car la justification et les jugements d'aptitude et de nécessité qui donnent en définitive sa légitimité à une telle interprétation sont sa pondération positive, de telle sorte que la satisfaction des objectifs poursuivis (le monopole de la force et la garantie de la sécurité intérieure et de l'ordre constitutionnel comme fondements de la paix stable et durable) justifie le sacrifice ou la limitation des principes concernés (la séparation des fonctions comme manifestation de relations civiques-militaires saines et démocratiques).

Constituent une définition non aboutie des contrôles à réaliser pour la transition et le post-conflit les normes législatives qui précisent la portée normative de la coutume pénale militaire posée par la loi n° 1 de 2015, de sorte qu'elles ne se substituent pas en l'espèce à la Constitution, s'adaptent à elle ainsi qu'aux obligations et aux standards internationaux établis en ce qui concerne la responsabilité des membres de la force publique et le droit d'accès à la justice judiciaire et au procès équitable, le juge naturel et l'impartialité et l'indépendance judiciaires.

Sont également indispensables les développements normatifs, législatifs et réglementaires, par lesquels les mécanismes de contrôle sont renforcés, non seulement devant les comités internes du secteur concerné[1], mais aussi devant les différentes autorités politiques et judiciaires compétentes pour un contrôle

---

[1] Ministerio de Defensa Nacional, *Memoria al Congreso 2014-2015, Balance de las labores cumplidas por el Ministerio de Defensa Nacional entre junio de 2014 y junio de 2015, así como el estado de los negocios adscritos a este ministerio conforme al artículo 208 de la Constitución Nacional*, *op. cit.*, p. 38.

disciplinaire et budgétaire, et dans ce cas, de la communauté en général, quand il s'agit d'une information non réservée, ou avec des réserves qui apparaissent comme disproportionnées ou déraisonnables, avec les normes, les procédures et les mécanismes de vérification de la transparence des activités des forces armées évoquées ci-dessus, dans le recrutement administratif, les achats, l'attribution de budgets[1]. Ainsi on établit des garanties de la participation active de la société à l'élaboration des politiques publiques, de la surveillance citoyenne et d'autres formes de contrôle social sur les activités des forces armées[2].

- Il faut également envisager la coexistence pacifique au regard des garanties de non-répétition et de renforcement de la

---

[1] À ce sujet, il faut tenir en compte du fait que, dans la sentence C-274 de 2013, la Cour constitutionnelle a déclaré inapplicable le paragraphe de l'article 5 de la loi sur la transparence et le droit d'accès à l'information publique nationale, qui prévoyait les exceptions à l'obligation de fournir une information publique, parmi lesquelles figuraient « les documents, les bases de données et les contrats relatifs à la défense et à sécurité nationale, à l'ordre public et aux relations internationales ». En plus d'établir de façon vague et en des termes généraux les exceptions au devoir d'information, « sans préciser clairement et concrètement le type d'information couvert par la réserve, ni les raisons pour lesquelles la réserve doit être garantie », il viole l'article 74 de la Constitution puisqu' « il rend secrets des informations et des documents qui devraient être soumis au scrutin public, facilitant des actions clairement contraires à l'État de droit et au fonctionnement convenable d'une société démocratique ». En même temps, il établit une restriction inconstitutionnelle au « droit fondamental d'accès à l'information », dont les limitations doivent être certaines, proportionnées et raisonnables, et au droit des citoyens d'exercer un contrôle sur les « rôles des serviteurs publics et des agences de l'État ». Dans un sens équivalent, elle a conditionné la constitutionnalité de l'article 19 de la même loi qui reconnaît la faculté des autorités de l'État de repousser ou de refuser d'une manière motivée et par écrit la fourniture d'informations publiques réservées sur, entre autres, la défense et la sécurité nationale et la sécurité publique, « chaque fois que ledit accès sera expressément interdit par une norme législative ou constitutionnelle », ceci « dans le sens où la norme législative qui établit l'interdiction de l'accès à l'information doit (i) obéir à une finalité constitutionnellement légitime et impérieuse, et (ii) qu'il n'existe pas un autre moyen moins restrictif pour obtenir ladite finalité », car « Restreindre l'accès à une information n'est pas une fonction discrétionnaire mais limitée, nécessaire et contrôlable ». Cour constitutionnelle, sentence C-274 de 2013, M.P. María Victoria Calle.

[2] *Cf.* Viviana GARCÍA PINZÓN, « Reformas al sector seguridad en contextos de post-conflicto armado », *op. cit.*, p. 3 et 4.

légitimité de l'État, qui fonde en partie la nécessité de faire toute la lumière sur les exécutions extrajudiciaires commises systématiquement sur la population vulnérable par des militaires pendant une période approximative de huit années dans le seul but de faire grimper les statistiques des guérilleros abattus et obtenir des récompenses de diverse nature. C'est le cas communément appelé des « faux positifs », dans lequel les autorités civiles, et en particulier les forces militaires, doivent encourager et participer aux recherches qui permettent de déterminer l'origine de telles conduites et les responsabilités imputables. La défense de l'honneur militaire, la contribution loyale et concrète de l'armée à la paix en Colombie et le soutien de celle-ci aux négociations avec le FARC passent par la connaissance certaine des actes arbitraires et ignobles commis par ses membres.

- L'efficacité des contrôles passe enfin par la nécessité de rendre des comptes de façon plus sévère que ce que permet le Secteur, comme nous l'avons vu. Par conséquent, le bilan d'une gestion pour la transformation de la force publique adaptée à la transition et au post-conflit ne peut se poursuivre sans reconnaître les problèmes, l'inefficacité, l'inaccomplissement des plans, des procédures, des opérations et des stratégies, ou les statistiques et les cas de responsabilité pénale, disciplinaire et financière de ses agents ou de l'État, car ce n'est qu'ainsi que l'on peut évaluer les résultats de l'activité des forces, dans lesquelles on tient compte non seulement de l'ensemble des réalisations d'objectifs, mais aussi d'autres données, notamment des faits et des activités qui vont à leur encontre.

Les droits de l'homme

À tous les critères déjà évoqués d'une répartition correcte des fonctions au sein de la force publique, il faut ajouter principalement, comme axe et objectif ultimes, la sauvegarde des droits de l'homme. Nous avons déjà vu *supra* en quoi cette fonction est consubstantielle à l'exercice de la force, et en quoi le respect rigoureux des droits de l'homme est essentiel dans les processus de transition et de post-conflit, dans la mesure où cela répond à la dernière raison qui légitime l'existence de l'État et ses institutions : la protection de la dignité humaine (article 1er de la Constitution).

Ainsi, dans la définition du système de sécurité et de défense et, par conséquent, des fonctions propres à la force publique, et dans l'adoption des plans et des stratégies de caractère défensif, offensif, dissuasif ou préventif à formuler par le ministère de la Défense et les forces militaires et de police, certaines autorités sont soumises au mandat constitutionnel de garantir la protection des droits de l'homme impliqués et de respecter les limites de leurs compétences[1].

Pour cette raison, dans le jugement C-251 de 2002, la Cour constitutionnelle a spécifié que bien que la protection de l'ordre constitutionnel et la coexistence pacifique soient des biens qui représentent clairement l'intérêt général et sans lesquels l'exercice des droits et des libertés n'est pas possible, en aucun cas elles ne peuvent supposer une violation de leurs domaines relatifs aux droits fondamentaux ou irréductibles du droit[2]. Il a été ainsi prévu, dans la Constitution et dans les instruments internationaux de droits de l'homme ratifiés par la Colombie, qu'ils font partie du bloc de constitutionnalité, comme cela a été rappelé par la jurisprudence de la Cour interaméricaine des droits de l'homme[3].

Les droits de l'homme sont le principe et la fin qui justifient et donnent son sens à l'exercice de la force publique, au point qu'ils ont changé l'interprétation du devoir d'obéissance dans le

---

[1] *Cf. supra.*

[2] « Il est donc clair que la simple invocation de l'intérêt général, ou de la nécessité d'assurer la coexistence pacifique et l'ordre public, ne représente pas un argument qui justifie, à lui seul, la limitation ou la restriction d'un droit constitutionnel, dans la mesure où cela n'aurait aucun sens que les droits constitutionnels soient sacrifiés prétendument pour assurer la réalisation des conditions qui permettent de jouir de ceux-ci. » Cour constitutionnelle, sentence C-251 de 2002, M.P. Eduardo Montealegre Lynett et Clara Inés Vargas.

[3] Opinion consultative OC-6/86 du 9 mai 1986. Serie A No. 6, § 21 ; opinion consultative OC-5/85 du 13 novembre 1985, Serie A No. 5, § 66-67 ; opinion consultative O-C 6/86 du 9 mai 1986, Serie A No. 6, § 31. Et dans des affaires contentieuses, *cf. Velásquez Rodríguez*, sentence du 29 juillet 1988, Serie C No. 4, § 165 ; *Godínez Cruz*, sentence du 20 janvier 1989, Serie C No. 5, § 174 ; et *Neira Alegra y otros*, sentence du 19 janvier 1995, Serie C No. 20, § 75.

secteur militaire et sa portée en matière d'exonération de la responsabilité. Ainsi, « les droits fondamentaux et la dignité humaine impliquent une relativisation du devoir militaire d'obéissance, consacré au deuxième alinéa de l'article 91 de la Constitution », pour « concilier la discipline militaire avec le respect des droits constitutionnels » et pour distinguer l'accomplissement de ce devoir par le subalterne qui « ne remette pas en cause la discipline et [le devoir d'obéissance qui] en débordant les limites de l'ordre raisonnable, implique un suivi aveugle des instructions données par le supérieur[1] ».

Des observations semblables doivent être formulées en ce qui concerne les missions qui ne sont pas liées à la défense et à la sécurité. Donc, dans l'accomplissement des tâches de soutien et de consolidation de l'État social de droit en tant que fonctions au service de la réalisation de droits sociaux fondamentaux dont le caractère exigible est renforcé pendant la transition et le post-conflit face aux victimes et face aux populations réinsérées, on ne peut prendre des mesures de restriction illégitime et disproportionnée d'autres droits et libertés.

À ce sujet, il est important d'identifier la nature de la fonction exercée par les forces militaires dans les missions humanitaires ou de protection de l'environnement, ainsi que des fonctions à caractère civil et par conséquent soumises à un régime de responsabilité de droit commun de la fonction publique, où le commandement ne prévaut pas sur l'impératif de ne commettre aucune action ou omission qui puisse s'avérer préjudiciable et violant les droits de l'homme.

Le principe de soumission du pouvoir militaire au pouvoir civil garantit donc la primauté des droits de l'homme et la manifestation définitive des droits des citoyens[2], dans laquelle la distinction entre la nature civile et la nature militaire des institutions qui composent la force publique est estompée pour donner

---

[1] Cour constitutionnelle, sentence C-251 de 2002, M.P. Eduardo Montealegre Lynett et Clara Inés Vargas, qui cite la sentence T-409 de 1992, M.P. José Gregorio Hernández Galindo. Les critères sont rappelés dans les sentences C-225 de 1995, M.P. Alejandro Martínez Caballero et C-578 de 1995, M.P Eduardo Cifuentes Muñoz.

[2] *Cf.* Ana M. BEJARANO, « Conflicto y paz en Colombia: cuatro tesis », *op. cit.*, p. 19.

la primauté à un critère commun de la meilleure garantie possible qui s'impose autant dans les actions de défense de la souveraineté que dans celles de sécurité intérieure et de protection de l'ordre public, de prévention des infractions, d'aide humanitaire ou de protection des intérêts stratégiques de l'État, comme le prévoient la Constitution, le droit international des droits de l'homme qui lie la Colombie, et le droit international humanitaire[1].

Les arguments selon lesquels, dans les processus de transition et de post-conflit, il convient de réduire les domaines d'action des forces militaires en raison de leur nature répressive, de l'utilisation des armes et de l'exécution des ordres donnés par les supérieurs, pour étendre l'activité des forces de police, plus aptes à préserver les « conditions nécessaires pour l'exercice des droits et des libertés publiques » et à « assurer aux habitants de la Colombie une coexistence pacifique », ne semblent pas du tout pertinents car, actuellement, selon les diverses sources du droit qui lient l'État colombien et ses autorités, les militaires et les policiers doivent appliquer les ordres dans le respect des droits de l'homme.

En effet, les protocoles et la doctrine doivent être différents pour les activités militaires et les activités de police, qu'ils soient élaborés conjointement ou séparément pour les forces militaires ou les forces de police, dès lors que sont consignées les mesures de prévention et de contrôle qui peuvent garantir l'accomplissement du devoir de protection des droits de l'homme, conformément aux caractéristiques de l'opération offensive, défensive, dissuasive ou préventive.

Enfin, bien que l'on reconnaisse le rôle du secteur de la défense et de la sécurité dans l'établissement des droits de l'homme en tant qu'axe transversal qui consigne toutes les fonctions et les missions que la police et les forces militaires assument, les mesures permettant la réalisation d'un tel but doivent aller au-delà des cours de formation dispensés aux personnels, et doivent imprégner la totalité de la doctrine, des stratégies, des plans d'action, des procédures de recrutement et des investissements réalisés, dans la mesure où cela détermine les

---

[1] Cf. *supra*..

objectifs à poursuivre et les contrôles à réaliser. En outre, au moment de rendre compte des activités des forces armées, il est également nécessaire d'inclure un bilan qui rende compte des violations des droits de l'homme imputables à leurs membres, et des mesures adoptées pour leur sanction, mais aussi pour la correction des processus qui les favorisent, ainsi que des autres garanties de non-répétition, parce que c'est de nouveau surtout là que se vérifie le véritable compromis institutionnel qui permet de faire des droits de l'homme l'objectif central de l'exercice de la force publique.

La réduction des forces et de leurs budgets

La restructuration de la force publique est présentée comme une tâche spécifique dans les diverses transformations que réclament les processus de transition et de post-conflit car transiter vers la paix signifie entre autres choses une réadaptation des fondements de l'État et le passage d'une police et de forces armées renforcées par des pouvoirs de gouvernement dans des dictatures militaires où de gros budgets permettant de faire face aux attaques et aux menaces internes sont prévus, à une force adaptée aux nouveaux besoins, ordonnée, efficace, soumise à la légalité et aux principes constitutionnels.

Dans les développements précédents, nous avons déjà analysé la question de la double structure de la force publique et de la nécessité que cette dernière soit maintenue dans les limites des paramètres de fonctionnement indiqués. Nous explorerons ici concrètement la question de la réduction des effectifs et des budgets attribués à la force publique, en particulier aux forces militaires.

De telles questions doivent être envisagées à partir de l'hypothèse selon laquelle la participation des forces militaires au conflit armé interne s'est faite selon les principes de l'État de droit. La responsabilité pénale, disciplinaire et extra-contractuelle interaméricaine et de l'État confirme le respect de l'ordre juridique et, par conséquent, son rôle au service de la démocratie, des pouvoirs publics et de la société, selon les termes de la Constitution. Le compromis déjà évoqué doit faire de même pour que les forces armées et leurs supérieurs hiérarchiques participent à l'élucidation des faits qui peuvent remettre en cause une telle solidité institutionnelle.

De l'hypothèse antérieure, qui n'a pas été infirmée jusqu'à présent, découle la reconnaissance de ce qu'a été le travail des forces armées à travers les stratégies, les opérations, les plans et les tactiques de combat, lequel a grandement permis que la guérilla du FARC soit disposée à avancer dans un sérieux processus de paix comme celui en cours. Cette participation peut bien évidemment se voir dans le nombre de guérilleros et de fronts soumis et l'étendue du territoire contrôlé par les forces militaires. Mais elle peut aussi s'apprécier au regard du nombre de soldats tombés dans le cadre des hostilités et de blessés souffrant de lésions et de handicaps physiques ou psychiatriques irréversibles.

La diminution, le maintien, voire le renforcement des forces armées ne peuvent alors se justifier en appliquant le syllogisme selon lequel les forces armées sont fortes parce qu'il existe un conflit armé ; en Colombie, il n'y aura plus de conflit armé avec la guérilla du FARC, et les forces armées doivent donc être revues à la baisse.

L'argument de la réduction des forces sous-entend une préoccupation légitime pour la démilitarisation de la sécurité intérieure qui améliore les conditions de l'exercice des libertés publiques et qui doit être effectuée dans le cadre de la transition et de la construction de la paix. Il y a aussi une défense crédible de l'utilisation rationnelle, économique, efficace et durable des faibles moyens financiers.

Toutefois, on a insisté, non sans raison, sur le fait que la transition et le post-conflit colombiens ne représentent pas la fin du conflit armé interne en Colombie, mais la fin du conflit avec l'un de ses principaux insurgés et que, par conséquent, la force publique assume, en matière de défense et de sécurité, des tâches qui ne peuvent être différées, et que l'intervention ferme des forces militaires dans des opérations contre les bandes criminelles, le trafic de drogues, l'industrie minière illégale et tout le réseau d'activités économiques illicites qui ont financé le conflit ou qui se sont développées grâce à lui, sont des mesures justifiées et nécessaires pour soutenir la transition et faciliter la consolidation d'une paix stable et durable.

Ceci exclut au moins *prima facie* que la restructuration de l'appareil coercitif de l'État se traduise par un désengagement « à l'argentine », parce qu'il existe encore des ennemis qui doivent être combattus et éliminés et que, comme le révèle le post-conflit au Salvador, cela nécessite que l'on conserve des forces armées avec toute la capacité requise pour combattre les formes de délinquance qui empêchent d'anciens acteurs armés de rompre tous liens avec des entreprises criminelles qui ont financé le conflit armé.

Deux décisions pourraient cependant être envisagées à court terme. D'une part, une fois assurée la fin du conflit armé interne avec les guérillas, il conviendrait de mener des discussions sérieuses pour supprimer le devoir constitutionnel du service militaire et pour renforcer ainsi une force militaire essentiellement professionnelle, à laquelle on pourrait librement participer, pour assumer des fonctions et des tâches qui réclament l'engagement et la spécialisation qu'offrent la carrière militaire, l'accès à la connaissance et la technologie les plus avancées. Face à l'absence d'hostilités et la confirmation que l'armée permanente permet de remplir les obligations de défense et de sécurité, en suivant la jurisprudence constitutionnelle, ce devoir si lourd et qui pèse tant sur les populations les plus vulnérables cesse d'être proportionnel et raisonnable[1], à plus fortes raisons quand on n'a pas suffisamment légiféré sur le droit d'objection de conscience[2].

D'autre part, la transformation institutionnelle requise pour la transition et le post-conflit pourrait révéler plus tôt que prévu la conception et la mise en œuvre d'un processus de purification ou « *vetting* » des forces armées et de police[3]. Cette forme de restructuration est particulièrement utile pour susciter la confiance entre les groupes démobilisés et les victimes de faits

---

[1] Cour constitutionnelle, sentence SU-200 de 1997, M.P. Carlos Gaviria Díaz et José Gregorio Hernández.

[2] Cour constitutionnelle, sentence C-728 de 2009, M.P. Gabriel Eduardo Mendoza Martelo.

[3] Organisation des Nations unies, bureau du Haut commissariat des droit de l'homme, « Rule of law tools for post-conflict states. Vetting: an operational framework », http://www.ohchr.org/Documents/Publications/RuleoflawVettingen.pdf (consulté le 12 octobre 2015).

imputables aux forces de l'État. Elle l'est aussi pour renforcer, aux yeux de la nation et de la communauté internationale, l'image des forces en tant que garantes de la démocratie, de l'État de droit et des droits de l'homme. Pour cela, on peut prendre en considération des mesures de suspension, de réaffectation, de dégradement, de retraite anticipée ou de destitution des membres qui ont violé les principes les plus importants de la Constitution et l'honneur militaire, ou qui ont commis des actes de corruption en détournant des financements attribués à la force publique[1], des mesures qui, si elles s'avèrent nécessaires, pourraient prévoir des avantages ou des « pardons responsabilisants[2] » de la justice transitionnelle, dans la mesure où ce qui est cherché est avant tout une épuration institutionnelle, efficace pour améliorer et renforcer la légitimité et la confiance de la population dans la force publique.

À moyen terme, quand dans le meilleur des cas on aura conclu des accords de paix avec tous les acteurs armés et quand baisseront considérablement les chiffres de délinquance organisée et l'effet déstabilisant de celle-ci sur la sécurité et la coexistence pacifique, il conviendrait en effet d'envisager une

---

[1] Selon les principes Joinet (1997) cités par Torres Argüelles (2015:138), l'État peut imposer, en plus des sanctions pénales et civiles typiques, des sanctions administratives, de caractère préventif et non répressif, contre les agents de l'État qui ont été impliqués dans des processus de graves violations des droits de l'homme. Ces mesures peuvent être adoptées discrétionnairement par le chef de l'État, sous sa responsabilité et son contrôle, et peuvent être de la nature suivante : « a) la suspension de certaines fonctions propres à sa charge ; b) la suspension, dans l'attente d'une éventuelle confirmation dans ses fonctions, ou de sa mutation à un autre poste ; c) la mutation ; d) la retrogradation à une autre catégorie ; e) la retraite anticipée ; f) l'exclusion ». Alfredo TORRES ARGUELLES, *Repensando las amnistías en procesos transicionales,* Bogotá, Universidad Externado de Colombia, Instituto de Estudios Constitucionales Carlos Restrepo Piedrahita, 2015, p. 138. *Cf.* Comisión Colombiana de Juristas, « Principios Internacionales sobre impunidad y reparaciones », Bogotá, 2007, http://www.coljuristas.org/documentos/libros_e_informes/principios_sobre_impunidad_y_reparaciones.pdf (consulté le 12 octobre 2015).

[2] Rodrigo UPRIMNY et María Paula SAFFÓN, « Justicia transicional y justicia restaurativa: tensiones y complementariedades », *in* RETTBERG (ed.) *Entre el perdón y el paredón. Preguntas y dilemas de la justicia Transicional*, Bogotá, Universidad de los Andes, Centro Internacional de Investigaciones para el Desarrollo (IDRC), 2005, p. 230.

réduction du budget de la force publique conduisant à la diminution des effectifs. Dans les hypothèses précédentes, un processus d'une telle nature est cohérent avec la nécessité de libérer des ressources financières qui supportent une partie de l'immense coût des politiques de réparation, de restitution, de réinsertion, de réadaptation et de soutien que requièrent la transition et le post-conflit. Ceci oblige à évaluer de façon raisonnable, à partir de critères d'aptitude à conduire des opérations prolongées relevant du secteur[1], d'économie, d'efficience et d'équité, les postes à attribuer à la défense et la sécurité intérieure dans un contexte de non-conflit armé interne, de sorte que les buts de la force publique soient complètement remplis mais avec les moyens que requiert la vie de l'État en période normale.

Le temps et la manière dont cette réduction doit se produire sont des aspects qui doivent être résolus à partir d'un ensemble de variables.

D'une part, la variable les droits et les espoirs légitimes des membres de la force publique. Il est logique d'estimer illégitime de considérer que les soldats et les policiers qui ont accompli la tâche difficile de faire face aux multiples acteurs du conflit et de pousser à la recherche d'un accord de paix, comme formule de transition vers la paix, doivent perdre leur travail et leur statut, ou qu'ils soient privés sans discrimination de leurs droits et de leurs garanties. La Cour constitutionnelle, à diverses occasions, a renforcé la stabilité de l'emploi des agents publics en cas de liquidation d'un service, protégeant leurs attentes légitimes et les financements nécessaires pour subvenir aux besoins qu'ils doivent assurer étant donné leur situation de plus ou moins grande faiblesse manifeste[2]. Des distinctions doivent être

---

[1] Ministerio de Defensa Nacional, Memoria al Congreso 2014-2015, « Balance de las labores cumplidas por el Ministerio de Defensa Nacional entre junio de 2014 y junio de 2015, así como el estado de los negocios adscritos a este ministerio conforme al artículo 208 de la Constitución Nacional », *op. cit.*, p. 26.

[2] Sur cette question, la Cour a émis un nombre important de sentences : sentence T-382 de 2014, M.P. Jorge Pretelt Chaljub ; sentence T-843 de 2013, M.P. Luis Ernesto Vargas Silva ; sentence T-459 de 2012, M.P. Jorge Iván

opérées ; notamment, la défense des droits et des intérêts des membres de la force publique ne peut pas être la même pour tous les membres indépendamment de leurs rangs et de leurs conditions. De même, on peut facilement comprendre que de tels raisonnements de la jurisprudence pourraient être appliqués à de simples soldats que la guerre a formés et déformés, dont le développement personnel dans des conditions de dignité peut être restreint de manière disproportionnée et déraisonnable par des mesures de réduction des effectifs.

Une autre variable déterminante est l'existence d'intérêts corporatifs suscités par le respect que les autorités l'État et une bonne partie de la société manifestent pour leurs forces militaires. De tels intérêts sont généralement réticents à tout changement ou à toute transformation qui affecte non seulement les droits et les espoirs légitimes, mais aussi toutes formes d'autonomie, de prérogatives et de privilèges. Comme cela a été le cas dans d'autres États d'Amérique latine, en Colombie, on tient également compte de l'intention « de blinder les options d'une réforme structurelle[1] » et, malgré de nombreux « débats académiques sur l'avenir de la force publique dans un scénario de post-conflit », il ne paraît pas y avoir d'intérêt à réduire ou à réorganiser substantiellement la structure des institutions militaires et de police[2]. On ne peut pourtant pas l'ignorer au moment de définir et de mettre en œuvre les réformes institutionnelles.

Au-delà des raisons de la démocratie et du noyau théorique du constitutionnalisme qui pourraient être cités en faveur du droit de décision des membres de la force publique, comme l'affirmait Morris Janowitz, « croire que l'armée ne constitue pas un groupe de pression efficace sur les organes de gouver-

---

Palacio Palacio ; sentence T-1048 de 2012, M.P. Luis Guillermo Guerrero Pérez ; sentence T-910 de 2011, M.P. Gabriel Eduardo Mendoza Martelo.

[1] Markus SCHULTZE-Kraft, « La cuestión militar en Colombia: la fuerza pública y los retos de la construcción de la paz », *in* Angelika RETTBERG (ed.), *Construcción de paz en Colombia*, Colombia, Universidad de los Andes, 2012, p. 405-433.

[2] *Cf.* Viviana GARCÍA PINZÓN, « Reformas al sector seguridad en contextos de post-conflicto armado: experiencias en Centroamérica y consideraciones sobre el caso colombiano », *op. cit.*, p. 16.

nement est commettre une erreur politique[1] ». Pour cette raison, il convient aussi d'ouvrir les espaces de discussion et de négociation pour commencer un dialogue entre les forces et les *policy makers* de la transition et du post-conflit, y compris par la reconnaissance et la prise en considération de l'opinion des membres des forces militaires, de leurs intérêts et de leurs connaissances, tout en les soumettant aux principes de légalité, de transparence et de la primauté de l'intérêt public. Inclure la prééminence du pouvoir civil sur les militaires pour le consolider est utile pour la paix en Colombie.

Un dernier facteur à prendre en compte est l'existence de compromis politiques et citoyens. La définition des réformes, des priorités, de la portée et des limites des droits à préserver, nécessite de reconnaître un pouvoir de décision et de prendre en compte l'intérêt des autorités civiles pour établir les normes, les politiques et les mesures et moyens budgétaires requis par les processus de transition et de post-conflit, notamment pour les forces armées.

Cela relève également de la guérilla pendant la négociation et la mise en œuvre des accords, qui doit faire preuve de loyauté dans le processus et de modération dans les demandes, et de bonne foi, et évidemment des membres de la force publique, de ses hauts commandements et des organisations qu'elle englobe, parce que sa participation active, ouverte et focalisée sur la réalisation de la paix stable et durable et la vie digne, est la condition déterminante pour que soient réalisées les transformations dont a besoin la Colombie pour avancer vers la formation de l'État tant espéré depuis 1991.

Conclusions

Les conclusions de ce travail sont les suivantes :

1. L'adoption et la mise en œuvre de ces mécanismes concernent la structure et le fonctionnement des forces militaires. Dans le cas colombien, ceci découle du fait que les forces militaires et leurs membres ont pris part au conflit dès le début.

---

[1] Narcís SERRA, « El control de las Fuerzas Armadas en la transición democrática », *op. cit.*, p. 20.

Ce fait a au moins deux implications sur le processus de justice transitionnelle.

2. D'une part, les forces militaires et leurs membres devraient pouvoir prendre part à toutes les décisions qui les concernent et qui sont adoptées dans le processus de justice transitionnelle. Jusqu'à maintenant, cette participation a été assez précaire. Le gouvernement national ne peut être considéré comme le représentant des agents de l'État, surtout de ceux qui ont fait l'objet d'enquête ou qui ont été condamnés pour des violations des droits de l'homme commises en agissant en dehors de leurs fonctions définies par la Constitution et la loi. En ce qui concerne ce premier aspect, il est nécessaire de se demander si cette non-participation des forces militaires et de leurs agents au processus de justice transitionnelle est compatible avec le statut social constitutionnel des forces militaires, avec le droit fondamental à l'égalité établi par l'article 13 de la Constitution de 1991 – Constitution qui définit le cadre juridique du processus de transition vers la paix – et avec les principes internationaux qui guident les processus de justice transitionnelle.

3. D'autre part, se pose la question de savoir s'il est nécessaire de modifier les dispositions constitutionnelles relatives à la fonction et à la structure des forces militaires dans le processus de justice transitionnelle, surtout pour que cette institution remplisse une fonction adéquate après la signature des accords de paix. Si un accord de paix est conclu avec la guérilla des FARC-EP, a-t-on encore besoin des forces militaires pour la vie civile en période de post-conflit ? La police nationale ne suffirait-elle pas ? Dans le cas où les forces militaires seraient encore nécessaires, comment leur structure et leur fonction devraient-elles évoluer ?

4. Le processus de justice transitionnelle en Colombie a un caractère *sui generis* parce qu'il se développe dans le cadre de la Constitution de 1991 qui n'est pas une constitution transitionnelle mais une constitution permanente. Ceci implique que les dispositions constitutionnelles sur les forces militaires ne peuvent pas être modifiées ni affectées exagérément pendant la transition, même par une réforme de la Constitution. Ainsi se pose la question du type de changements dans la structure et la

fonction des forces militaires, opérés en périodes de justice transitionnelle, qui devront être considérés comme proportionnés par rapport aux principes constitutionnels qui régissent ces forces.

5. L'article 217 de la Constitution établit que les forces militaires ont comme « but primordial la défense de la souveraineté, de l'indépendance, de l'intégrité du territoire national et de l'ordre constitutionnel ». L'article 2 de la loi 48 de 1993 réitère *expressis verbis* cette disposition constitutionnelle. À cette fonction, la jurisprudence constitutionnelle en a ajouté d'autres : la recherche de la coexistence pacifique, la protection des droits de l'homme et, dans le cadre du conflit armé, la protection particulière des victimes, et enfin le développement de tâches de renseignement.

6. La jurisprudence constitutionnelle a souligné que le fondement de la fonction de protection de l'ordre constitutionnel attribuée aux forces militaires est « la défense et la protection des droits de l'homme ». D'autres « éléments centraux de l'ordre constitutionnel sont le plein accomplissement des principes, des droits et des devoirs consacrés par la Constitution, la préservation du monopole de l'utilisation de la force et des armes entre les mains de l'État, et la garantie de la structure démocratique du pays ».

7. La Cour constitutionnelle a souligné que ces éléments centraux de l'ordre constitutionnel sont liés. Pour rendre possible le plein exercice des droits et des libertés par les citoyens, les forces militaires doivent « garantir les conditions de sécurité collective et de caractère structurel – définies par les concepts de souveraineté, d'indépendance, d'intégrité territoriale et d'intégrité de l'ordre constitutionnel qui permettent une coexistence harmonieuse ». Le maintien de telles conditions de sécurité implique que les forces militaires aient le devoir de garantir la coexistence des citoyens, de prévenir la guerre et, quand celle-ci est inévitable, de limiter ses effets. Ce dernier devoir inclut celui d'éviter que les civils soient victimes du conflit, afin qu'ils puissent jouir de leurs droits.

8. Indétachable de cette position de garantes de la coexistence pacifique est le rôle des forces militaires en tant que moyen constitutionnel d'assurer la paix.

9. Ceci implique que, dans le processus de justice transitionnelle, les forces militaires puissent adapter leurs fonctions pour favoriser la réalisation de la paix.

10. Dans ce but, les forces militaires peuvent utiliser divers mécanismes légitimes, y compris des mécanismes de solution pacifique de conflits, comme les dialogues de paix avec des groupes partisans, la signature d'accords pour la réalisation de la coexistence pacifique et l'instauration des zones de contrôle où l'on placerait temporairement les groupes hors-la-loi.

11. Cependant, ces stratégies – surtout celles de désescalade militaire – doivent respecter les exigences des sous-principes de proportionnalité, c'est-à-dire d'aptitude, de nécessité et de proportionnalité au sens strict.

12. En ce qui concerne l'aptitude, il doit être vérifié que la désescalade militaire est une stratégie qui contribue réellement à atteindre les buts de paix, de réconciliation et de démobilisation, liés à la justice transitionnelle. Le comportement de la guérilla du FARC démontrera si la désescalade est réellement adéquate pour inciter les guérillas à accepter ces buts. En ce sens, la désescalade doit être évaluée d'une manière constante. Si, malgré la désescalade, la guérilla continue de commettre des attentats, des actes de guerre, des violations des droits de l'homme et des droits fondamentaux contre la population ou des membres des forces militaires, ou des attaques contre les infrastructures publiques ou l'environnement, il ne sera pas possible de considérer la désescalade comme étant un moyen approprié pour atteindre la paix, la réconciliation et la démobilisation. Au contraire, des preuves que la désescalade est un moyen approprié sont la volonté de la guérilla d'avancer dans le processus de paix, le cessez-le-feu définitif et la démobilisation de ses membres.

13. Quant à la nécessité, la désescalade militaire peut revêtir plusieurs modalités et intensités. Celle-ci est un aspect opérationnel militaire. Cependant, du point de vue constitutionnel il est clair qu'en établissant la stratégie concrète de désescalade, le gouvernement national doit tenir compte du sous-principe de nécessité. Dans ce cadre, ce sous-principe impose que toute limitation du principe constitutionnel selon lequel les forces militaires doivent accomplir la fonction de défense de la souve-

raineté, de l'indépendance, de l'intégrité du territoire national et de l'ordre constitutionnel et être responsable des droits fondamentaux et de la coexistence pacifique, doit être la mesure ayant l'effet le plus léger sur ce principe parmi toutes celles qui revêtent au moins la même capacité de contribuer à atteindre les buts de paix, de réconciliation et de démobilisation. Quand on envisage une stratégie concrète de désescalade, il est nécessaire de prendre en considération trois aspects : déterminer s'il existe des stratégies alternatives à celle qui est envisagée, déterminer si certaines de ces stratégies alternatives sont également appropriées pour atteindre la fin poursuivie, et établir si l'une de ces stratégies alternatives qui remplit cette condition affecte dans une moindre mesure la possibilité pour les forces militaires de remplir leur fonction constitutionnelle. Il est clair que seules les forces militaires, sur la base de leurs capacités opérationnelles, peuvent répondre correctement à ces trois nécessités.

14. Enfin, le sous-principe de proportionnalité au sens strict, ou de pondération, impose que la stratégie de désescalade permette d'atteindre les finalités de paix, de réconciliation et de démobilisation à un niveau qui justifie celui auquel elle restreint le principe constitutionnel selon lequel les forces militaires doivent accomplir la fonction de défense de la souveraineté, de l'indépendance, de l'intégrité du territoire national et de l'ordre constitutionnel et être responsables des droits fondamentaux et de la coexistence pacifique. Dans cette analyse, on doit aussi donner la priorité à l'évaluation que les forces militaires peuvent faire, du point de vue opérationnel, des différentes stratégies de désescalade. La Constitution n'établit pas une stratégie de désescalade qui serait la seule correcte dans l'actuel processus de justice transitionnelle. En ce sens, les forces militaires et le Gouvernement ont une marge d'appréciation discrétionnaire pour choisir parmi plusieurs stratégies possibles, pourvu qu'elles ne soient pas disproportionnées.

15. En tout cas, sur le fondement de l'article 217 de la Constitution et de la jurisprudence constitutionnelle mentionnée, il est possible d'identifier quelques mesures de désescalade seraient évidemment disproportionnées par rapport à la finalité de garantir la coexistence pacifique. Parmi elles, on peut au moins citer les mesures suivantes : établir une zone de défrichage, afin

de retirer les forces militaires d'une zone du territoire national, renoncer à la protection de la vie et de l'intégrité de tous les habitants du territoire et à la défense de la sécurité intérieure et extérieure de la nation, renoncer à la prévention d'attaques partisanes, et renoncer à la poursuite d'auteurs de crimes de guerre et de crimes contre d'humanité et autres infractions internationales évoquées par le Statut de Rome qui réglemente les fonctions de la Cour pénale internationale.

16. Les forces militaires ont un rôle de garantie du respect des droits fondamentaux des Colombiens. Cela implique qu'elles ne puissent pas renoncer à la protection de la vie et de l'intégrité de tous les habitants du territoire et à la défense de la sécurité intérieure et extérieure de la nation, ni à la défense des personnes face aux groupements armés – guérilla ou paramilitaires –, ni à empêcher la méconnaissance du droit international humanitaire. L'inaccomplissement du devoir de garant est de nature à engager la responsabilité pénale des membres des forces militaires et la responsabilité extra-contractuelle de l'État.

17. Les forces militaires ont un devoir de protection spéciale des victimes.

18. Les forces militaires assurent des fonctions de renseignements et de contre-espionnage. De telles fonctions : I) sont assurées par des organismes nationaux spécialisés, II) en utilisant des moyens humains ou techniques, III) pour la collecte, le traitement, l'analyse et la diffusion de l'information, et IV) avec pour objectifs la protection des droits de l'homme, la prévention et la lutte contre les menaces internes ou externes contre le régime démocratique, le régime constitutionnel et l'ordre juridique, la sécurité et la défense nationale, et les autres finalités énoncées dans la loi.

19. Le respect des droits de l'homme et des droits fondamentaux limite l'accomplissement des fonctions de renseignements et de contre-espionnage.

20. La Cour constitutionnelle a reconnu que les fonctions des forces militaires ne sont pas absolues. Elles ont certaines limites. Les plus importantes sont la soumission au commandement du Président, la proportionnalité dans l'exercice de l'utilisation de la force et les limites aux droits de l'homme,

l'impossibilité de remplir des fonctions de police – en particulier des fonctions de police judiciaire –, la soumission de l'activité militaire au principe de précaution et, dans notre régime constitutionnel, de manière injustifiée, le fait que les membres des forces militaires n'aient pas le droit de discuter des ordres et ne soient pas titulaires de droits politiques.

21. La demande par le juriste de transformations des forces militaires pour la transition et le post-conflit doit reposer sur l'analyse des dispositions du droit constitutionnel, c'est-à-dire de l'analyse juridique. Ainsi, en Colombie, la structure de la force publique présente un double caractère institutionnel, de forces armées et de police, chargées de fonctions différenciées, de la défense nationale et de la sécurité interne, avec une nature différente, à la fois militaire et civile.

22. Cependant, également du point de vue de la Constitution, on peut souligner des éléments communs, outre l'existence d'une zone grise ou « frontalière », reconnue par la jurisprudence constitutionnelle, dans laquelle se superposent les fonctions de chacune des forces, ce qui abaisse les conditions pour que l'on ait une guerre irrégulière et une délinquance organisée, ce qui ne fait que favoriser à la fois la militarisation de la police et l'incursion des forces armées dans la vie civile.

23. Dans le cadre de l'analyse comparative, l'étude de diverses constitutions représentatives de l'Amérique latine et d'expériences de transition vers la démocratie ou vers la paix n'offre pas de modèles paradigmatiques qui puissent définir des paramètres définitifs permettant d'orienter la transformation de la force publique colombienne dans le processus actuellement vécu.

24. Dans les cas argentin et chilien, s'agissant de transitions démocratiques après des dictatures militaires, les réformes destinées à consolider des relations entre civils et militaires se sont traduites par la séparation tranchée des fonctions entre celles des forces militaires et celles de la police, afin d'éviter toute ingérence dangereuse pour le fonctionnement normal des institutions et pour la société, qui pourrait permettre le retour à la situation antérieure que l'on a voulu dépasser. La consolidation de tels processus a été lente et n'a pas manqué d'obstacles dressés par le pouvoir après le retour à la démocratie formelle,

comme le maintien des militaires dans les instances de décision politique.

25. Au Guatemala et au Salvador, dans les transitions de conflits armés internes vers la paix, l'accent a été mis sur la soumission des forces armées au pouvoir civil, principalement pour assurer le parfait respect des droits de l'homme, sans cesser de rappeler l'objectif de la séparation des fonctions militaires et des fonctions civiles, objectif négligé en raison des hauts niveaux persistants de criminalité et de violence.

26. Dans tous les cas, la faiblesse ou la force du compromis politique des autorités et des citoyens ont été déterminantes pour la définition du niveau de réalisation des réformes envisagées de la force publique.

27. La révision d'autres constitutions d'Amérique latine offre un tableau proche de celui de la Colombie, avec en commun la séparation institutionnelle des forces militaires et des forces de police et l'existence d'une zone grise étendue en raison de l'instabilité et de la violence sociale qui rendent nécessaire l'intervention permanente des forces militaires dans les fonctions de sécurité.

28. On ne peut pas non plus présenter comme un paradigme à retenir le cas des États dépourvus de forces armées, en particulier du Costa Rica et du Panama, dès lors que les conditions physiques, matérielles et politiques qu'ils réunissent et qui ont favorisé et rendu possible et durable un tel choix sont totalement étrangères à la réalité colombienne et à l'État colombien et font qu'il s'agit d'une solution ni probable ni souhaitable.

29. La présente étude repose sur une analyse conceptuelle permettant de comprendre la nature du post-conflit et ce qui doit être envisagé dans le cas de la Colombie, en fonction des connaissances et des expériences réunies par les théoriciens.

30. Le post-conflit doit être compris comme un processus dynamique qui vise à consolider la paix et la normalité dans l'établissement et le fonctionnement d'une société politiquement organisée après un conflit armé interne et l'application de mesures de justice transitionnelle proprement dites. Nonobstant les particularités à prendre en compte dans chaque processus, il est apparu nécessaire d'adopter des mesures comme la récupération du pouvoir coercitif, la garantie de la démobilisation de

la totalité des acteurs armés, la consolidation des relations entre les civils et les militaires avec la soumission des forces armées au pouvoir civil, et l'établissement d'un cadre juridique précis qui soumette l'exercice des fonctions attribuées et assure les finalités constitutionnelles poursuivies.

31. Le succès ou l'échec du post-conflit dépend, au moins en termes relatifs, de l'accord politique entre les acteurs et le pouvoir de décision et d'une intervention active de la société pour coopérer avec la police et les militaires, à la fois pour définir des politiques et des stratégies de sécurité intérieure et pour contrôler l'exercice de la force par les citoyens.

32. La conception du post-conflit colombien doit, pour sa part, partir de l'expérience vécue et apprise des divers processus de paix qui, malgré leur succès ou à cause de leur échec, n'ont pas pu résoudre de manière définitive le conflit armé. Mais, en même temps, on ne peut ignorer qu'un accord de paix avec les FARC-EP n'impliquera malheureusement pas l'arrêt des hostilités avec d'autres acteurs armés, avec l'énorme menace qu'elles représentent pour la population civile et la stabilité institutionnelle de l'État.

33. Un dernier critère à prendre en considération est l'analyse de l'« auto-réforme », c'est-à-dire des mesures et des transformations que le secteur de la défense et de la sécurité a lui-même opérées ou prétend réaliser.

34. À partir de la conception du secteur de la défense lui-même, le rôle de la force publique dans le scénario de transition et de post-conflit en Colombie est présenté comme fondamental, celle-ci ayant en charge le développement de missions étendues de défense et de sécurité qu'imposent les menaces existantes et qui nécessitent le maintien de la capacité d'action et du professionnalisme acquis. Ledit maintien et celui du budget sont aussi indispensables pour le maintien des relations internationales de coopération et la participation à d'autres missions de soutien à la consolidation de la présence de l'État sur le territoire par le développement d'infrastructures, les services publics et la sécurité.

35. Les forces armées méritent enfin d'être protégées vu leur contribution à la paix, ladite protection ne pouvant découler seulement de la protection des droits de ses membres.

36. À partir des différents facteurs d'analyses retenus, il est possible de définir les réformes institutionnelles qui doivent être réalisées afin d'opérer les ajustements qui s'imposent en fonction de ce qui est indispensable, ce qui est envisageable et ce qui est réalisable.

37. On peut exiger que l'État, sur le plan intérieur, récupère et conserve le monopole de la force, en vue de défendre l'indépendance nationale, de protéger les institutions publiques et de garantir la démocratie et la coexistence pacifique.

38. Et il est raisonnable de maintenir une force publique présentant une double structure, dans laquelle les forces militaires sont maintenues comme des éléments substantiels de l'État définis par la Constitution formelle et adaptés aux conditions factuelles existantes. En ce sens, l'existence de la zone grise qui ne distingue pas clairement les fonctions de la police de celles des forces militaires, bien que désirable, s'avère impossible.

39. Cette situation est compensée par l'application de critères par lesquels on peut être assuré que le rôle des forces militaires dans la transition et le post-conflit est rempli dans le cadre de leur mission et de leur cadre constitutionnels. Il s'avère ainsi impératif d'assurer la suprématie du pouvoir civil sur le pouvoir militaire, l'organisation d'un système de défense et de sécurité en fonction de l'environnement, la soumission au droit, avec les spécificités que réclame l'accomplissement des fonctions coercitives, de soutien et d'accompagnement social ou de coopération. Aussi, l'emploi de la force publique comme recours institutionnel, humain et opérationnel doit se faire conformément aux principes d'économie et d'efficience, avec un contrôle politique, juridique, budgétaire et disciplinaire des résultats qui oriente leur exercice vers la réalisation de leurs finalités constitutionnelles. Enfin, l'organisation et l'activité des forces militaires doivent renforcer les mécanismes à partir desquels la protection des droits de l'homme devient vraiment l'axe des plans, des opérations et des stratégies, soit dans l'accomplissement des tâches défensives ou offensives, soit dans la participation à des missions différentes.

40. À court terme, la restructuration des forces militaires ne doit pas aller dans le sens d'une diminution de leurs capacités d'action et des ressources qui leur sont consacrées. Par contre, il

convient d'envisager la suppression du service militaire obligatoire pour favoriser la professionnalisation de l'armée, ainsi que l'application assez rapide d'une politique d'épuration permettant de renforcer la légitimité de la force publique et la confiance dans l'accomplissement de leurs fonctions constitutionnelles pendant la période de transition et le post-conflit.

41. À moyen et à long terme, une fois obtenues la consolidation de la paix avec la totalité des acteurs armés et la baisse des chiffres de la violence et du crime organisé, il convient d'envisager une réduction du budget alloué à la force publique pour libérer des ressources permettant de financer les dépenses sociales et institutionnelles importantes pour la paix. Il s'agit là d'un principe directeur qui doit être adopté sans méconnaître les droits et les espoirs légitimes des membres de la police et des forces militaires, ni rejeter les intérêts corporatifs et le pouvoir qu'ils exercent en tant que groupe de pression, ni oublier la nécessité d'un compromis honnête entre les autorités politiques, les groupes armés illégaux démobilisés et des forces armées et leurs membres, pour avancer dans la voie des réformes et des transformations qui s'avèrent appropriées, nécessaires et raisonnables, comme l'impose chaque période du processus de transition et de consolidation de la paix.

TABLE DES MATIÈRES

L'HARMATTAN ITALIA
Via Degli Artisti 15; 10124 Torino
harmattan.italia@gmail.com

L'HARMATTAN HONGRIE
Könyvesbolt ; Kossuth L. u. 14-16
1053 Budapest

L'HARMATTAN KINSHASA
185, avenue Nyangwe
Commune de Lingwala
Kinshasa, R.D. Congo
(00243) 998697603 ou (00243) 999229662

L'HARMATTAN CONGO
67, av. E. P. Lumumba
Bât. – Congo Pharmacie (Bib. Nat.)
BP2874 Brazzaville
harmattan.congo@yahoo.fr

L'HARMATTAN GUINÉE
Almamya Rue KA 028, en face
du restaurant Le Cèdre
OKB agency BP 3470 Conakry
(00224) 657 20 85 08 / 664 28 91 96
harmattanguinee@yahoo.fr

L'HARMATTAN MALI
Rue 73, Porte 536, Niamakoro,
Cité Unicef, Bamako
Tél. 00 (223) 20205724 / +(223) 76378082
poudiougopaul@yahoo.fr
pp.harmattan@gmail.com

L'HARMATTAN CAMEROUN
TSINGA/FECAFOOT
BP 11486 Yaoundé
699198028/675441949
harmattancam@yahoo.com

L'HARMATTAN CÔTE D'IVOIRE
Résidence Karl / cité des arts
Abidjan-Cocody 03 BP 1588 Abidjan 03
(00225) 05 77 87 31
etien_nda@yahoo.fr

L'HARMATTAN BURKINA
Penou Achille Some
Ouagadougou
(+226) 70 26 88 27

L'HARMATTAN SÉNÉGAL
10 VDN en face Mermoz, après le pont de Fann
BP 45034 Dakar Fann
33 825 98 58 / 33 860 9858
senharmattan@gmail.com / senlibraire@gmail.com
www.harmattansenegal.com

Achevé d'imprimer par Corlet Numérique - 14110 Condé-sur-Noireau
N° d'Imprimeur : 136974 - Dépôt légal : mars 2017 - *Imprimé en France*

www.ingramcontent.com/pod-product-compliance
Lightning Source LLC
LaVergne TN
LVHW021235061026
849535LV00008B/3062
* 9 7 8 2 3 4 3 1 1 0 3 2 5 *